人を育て
組織を鍛え
成功を呼び込む
勝利への哲学
157

JN185618

原 晋
青山学院大学
陸上競技部監督

ぴあ

めざせば叶う

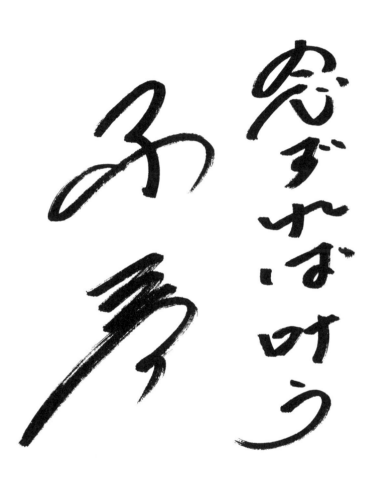

はじめに

勝つためには何が必要なのか。２００４年に青学大陸上競技部の監督に就任して以来、私は箱根駅伝でチームを優勝させるために走り続けてきました。

２０１５年に初優勝、２０１６年には39年ぶりの完全優勝で連覇。

自分は陸上界のエリートでもなければ、今流行のコーチングを大学院で学んだわけでもありません。陸上選手としては全国的に無名のまま実業団を５年で引退し、中国地区を中心にサラリーマンをしていました。そんな私が、日本中の注目を集める箱根駅伝でチームを優勝へ導くことが出来たのです。

勝つためには、そのための組織構築術がある。勝つためには、そのための人材育成術がある。すべては、サラリーマン時代に培ったビジネスの手法なのです。これはスポーツだけでなく、「組織人」として生きるすべての立場に置き換えられます。会社という組織でも、社会における組織の最小単位である家庭においても。

私の言葉が、未来を変えるきっかけになれば幸いです。

原晋

第1章 人を育てる

原監督が語る〝言葉の向こう側〟
気付きを与える

1 教育の基本は、加点方式なんです

2 百の失敗から学ぶよりも
ひとつの成功体験が学生を成長させる

3 上意下達の指導では
選手たちはついてきません

4 監督から「ああしろ、こうしろ」
と言われてやっても意味がない。
選手が自発的に目標を定めて「やる!」と言わないと
モチベーションにつながらない

5 自分の思いを監督に自由に言える
雰囲気も必要です。
若者の意見を潰してはダメだということです

6 学生の目線に合わせた指導を心掛けています

7 昔は「辛抱しろ」が日本の美徳だった。
今はそんな時代ではない

8 何でもかんでも「ハイ」と答えるな

9 答えは出さずに出るまで待つ。
監督は示唆しない

10 絶対的な答えのないところで
答えを掴む作業をやる

11 今の選手は理論で言わないと納得しない。
ただ、理論だけでは男は動かない。
「お前のために」というのが必要

12 根性と理屈は両輪。
根性論だけではついてこない。
緻密さと理屈が指導の両輪

13 やる気を引き出すには言葉が重要。
大切なのは問題に臨む前向きな態度だ

14 いつも同じ言葉でしゃべっちゃうと
面白みがないでしょう。
だから色々な言い回しを考えながら話します。
キャッチフレーズを作るんです

15 叱っていいのは、何度も同じ過ちを繰り返す時。
自分が悪かったと気づかせる
叱り方をすべきです

16

叱る時は「論理構成」を持って
指示する必要があります

17

結果だけを怒るのではなく、
傷ついたポイント、挫折したポイントを
見つけてあげることが大切です

18

結果だけを見て、監督が「もうオマエはダメだ」と
突き放してしまったら
選手も腐るし、組織も腐っていきます。
突き放す前に選手の言葉を聞くことが大切です

19

チームのビジョンだけでなく、
その子のビジョンも伝える

20

報告と相談は違う。
相談をしてくるような人に育てる

21

そもそも、発想力は
若い選手のほうが優れています

22

「頑張れば、また来年も女の子にモテる」
というモチベーションも
私は大切だと思います

23

私は一流どころか、箱根駅伝も走ったことがない。
スイッチがある場所を教えられますが
ボタンを押すのは選手本人です

24

選手たちを、走りたくて仕方ないという
心の状態に持っていくことが大切です

25

自立した選手を育てる。
監督が言うから走るという
ヤワな選手にしたくない

26

普段からコミュニケーションをしておけば
「こいつを裏切れない」という
人間関係ができます

27

人が人を動かしていくわけだから
そこにはどうしても情が不可欠になります

28

人として裏切る行為をした時は
雪隠詰めにして怒りますよ

29

人間として、男として自立させること。
男なら何かを成し遂げろ

30

強い信念を持つこと、約束を守ること

31

素直に「ごめんなさい」と
言える人材は強いです

32

どれだけ足が速くても
人間として心根が腐っていたらどうにもならない

第2章　組織を鍛える

原監督が語る〝言葉の向こう側〟コミュニケーションのノウハウ

61
茶髪やピアスを個性だと
主張する者がいるが、和を乱すだけ。
身だしなみや生活習慣の整わない学生は
走る前から必要ない

62
まだ、芽が吹いただけ。
これからもっと成長させたい

63
歴史と伝統を重んじるということが原点。
その上で改革すべきことは大胆に改革する

64
タイムのいい選手を採れば
強化への近道だと思ったことは
大きな間違いでした

65
心のマナーがちゃんとある子。
タイムが速くても、
心がない子は獲得しない

66
強いチームを作るには
人間性を重視しなければいけない

67
良い人材を育て良い組織を作れるのであれば
強い選手を育て強いチームを作れるはず

68
個人に任せず、組織としての
仕組み作りや土壌作りをしていけば
個人に依存しない強い組織ができます

69
環境になじめないと力は発揮できません。
走力は二の次です

70
エースを育てよ、エースに頼るな

71
人として模範になれないようなら
それは1番ではない

72
1年生だろうが、
正しいと思ったことは言いなさい

73
食事中は、ドンドン会話しろ！

74
最近の風潮として、グレーゾーンがなくなって
AかBかの二択を迫られることが多いのですが
本来グレーゾーンがないと
世の中はうまくいかないのではないかと思います

75
目標があって
それに向かってどう展開するかを
考える工程は営業も陸上も一緒です

76
後ろを歩いた選手が、どれだけ悔しさを感じられるか。
それが個人の成長につながり、チームの力になる

77
スポットライトを浴びるスター選手が無理なら
いぶし銀の走りを目指そう

第3章 正しい目標〜本質を見極めろ

原監督が語る〝言葉の向こう側〟正しい目標の立て方

90
最初に「どうすれば最大限の成果を出すことが出来るか」を常に意識し「こうあるべき」という方針を決めて戦略を練って積み上げていく

91
10年で優勝争いします……半歩半歩と積み上げたことが実を結んだ

92
大事なのは自分で目標を決め自分の言葉で具体的に書き込ませること。これが選手の「自立」につながるのです

93
自分を表現するのが上手な選手は目標を設定するのもうまい

94
自分を観察して、到達可能な目標を考えさせる。それが強くなる近道です

95
自分で自分をコーチする

96
試合はすべて準備の結果です。しっかり準備した後は仮に負けてもそれが実力と認めよう

97
私が考える負けの基準は努力しなかったら負け、これだけです

98
箱根を経験し、基本に立ち返る必要性を感じた

99
基本をきちんとこなすから心から笑うことが出来る

100
きっちり切り替えるためにも喜びに浸ることは大事。成功体験は脳に残り、次の意欲につながります

101
チームの目標に近づけることは重要だが個人の成長を指導者がしっかりと評価してあげないと、組織が沈没する

102
口うるさい指導はしないので、選手たちは私の言葉が理解出来ないとチームでは伸びません

103
箱根は自分を表現出来るフィールドではあるが、それがすべてではない。人間力向上のためのツールにすぎない。陸上を通して魅力的な人間になることが目的です

104
1秒を大切に臨もう

105
核となるべき原点を見失わず、貫かなくてはならない

106
批判を恐れず「出る杭」になります

第4章　勝利への哲学

原監督が語る〝言葉の向こう側〟

自由と自主性の違い

124
明るさや楽しさが表に出ていますが
陰では血のにじむような努力をしています

125
「青学はチャラい」。最高の褒め言葉です。
見えないところでは泥臭く努力しても
表舞台では華やかにしていたい

126
走るのは苦しい。
せっかく走るなら楽しめるようにしよう

127
監督のパフォーマンスでもいいじゃないですか。
私もやりたいしね、ガハハ

128
私、原監督は、悔しさが出た時には
本気度がアップします

129
駒大の独走だけは「ダメよ〜、ダメダメ」

130
ハッピー大作戦

131
コーラは蓋をしたままでは噴出することはないが
ちょっと外から刺激を与えることで一気に噴出する。
それと同じように、管理者が蓋をきっちり閉めすぎずに、
刺激を与えられれば選手はパワーを出すことが出来る

132
最強への徹底

133
その一瞬を楽しめ

134
指導者の競技実績は関係ない

135
人間の能力に大きな差はない。
あるとすれば、熱意の差だ。
最後はやはり、行動力と情熱が人を動かしていく

136
大事なのは、まず動くことだ。
動いていれば、ノウハウは自ずと身についてくる。

137
10年間のサラリーマン生活で
仕事を成功へ導く組み立て方に
手応えはあった

138
規則やルールは神様が作ったものではなく
人間が作ったものである。
そうである以上、時代の変化とともに
変えるべきところが出てくるのは当然のことだ

139
僕は庶民。
従来の雰囲気を覆そうという発想で指導し
それが青学大にはまったんでしょう

140
自分が強いのか弱いのかわからないまま、
辞めてしまった。
いつも陸上への思いがくすぶっていました。
忘れてきたものを取りに行きたかったんです

141
駄目な男でも存在価値を認めてもらいたい。
「原という男の存在価値」を認めてもらいたかった

142
その思いを胸に秘めて今日まで来た

143
覚悟を持ち、退路を断つ

144
置かれた場所で全力を尽くせば
いつかきっと花が開き、実も結ぶ

145
僕はファーストペンギン。
最初にやる人は叩かれます

146
新しいことをやると反対する人は必ず出てくる。
大事なのは何のために、
誰のためにやるのかということ。
それがしっかりしていれば
異なった考えの人にもいつか理解をしてもらえる

147
日本陸上界の異端児の
私にしか言えないことがある。
連覇できたことで説得力が増すし、注目される

148
情報やノウハウを自分の中だけに
収めておくことはしません。
業界の発展を一番に考えているからです

149
社会があって、陸上界があります

150
これからも言いたいことは言っていきます

151
関東の大学出身ではないので、しがらみはない。
大学駅伝界の異端児です

152
男気とは何ぞや

153
男として目標を持って行動させる

154
頑張っていれば、誰か見ていてくれる

155
要は「あなたのことが好き！」
と言ってくれるかどうか

156
選手たちには常々「絶対、出世せえよ」
と言い聞かせている

157
根底にある思いは、
「学生たちの笑顔」が見たいから

第1章

人を育てる

01

気付きを与える

人を育てる喜びは、陸上の場合、方程式ではだいたいこれくらいの記録しか出ないなあという子が、いきなり例外的にドンと出てくること。1次合宿、2次合宿で選抜から漏れた子がコツコツ努力して、最終選抜合宿でレギュラーに引き上げるくらいの結果を出す。そういう時は嬉しいですよね。難しい点はその逆で、方程式通りに結果が出ない子もいる。練習内容を見れば絶対レギュラー確定と思ってるのに、最終確定のタイムトライアルで「あららら」となる子は必ずいる。結果は、メカニズムでは分からない何かがあるんですよね。

就任当初は組織作りに苦労したけれど、優勝の時に来て「若気の至りで色々とご迷惑を掛けました」と謝ってきた卒業生もいたね。いいんですよ、若いんだから。卒業して社会に出て、分かると思うんですよ、「あぁ、あの時は……」と。そこは素直に部に戻ってきてくれて「あの時は申し訳なかったです。今ではこうして頑張っています」でいい。そこで、私は「何しに来た」とはしませんから。「そうか、お前も成長したな」って、それでいいと思うんです。しょうがないんですよ、当時のチームカラーだったんだから。彼らだって今の部に入ってきたら、一生懸命やっとるのかもしれない。組織の過渡期は、そういうものだと思いますよ。

今はスカウティングの段階で心のマナーがない子は採らないので、大人の集団だと思います。就任当初は、人の足を引っ張るヤツが何人かいました。努力してる子は努力しているからこそ、その位置にいるのに、センスのあるヤツはそれをパッと食って「お前、そんなことをやってもダメだよ」とやってしまう。これはもう、論破していくしかないです。理屈をもって「私は陸上の指導者だから言ってるんじゃなく、これは人としてダメなことなんだ」という観点で言わなきゃダメ。そんなヤツに限って話をすり替えようとするから「そんなことを聞いていない、今はこの話でお前と討論してるんだ」と話をすり替えさせないことです。何回も言っても変わらないヤツには「もう言わんからね。あとは君自身の問題だから、そこが変わらない限りは、私は君を見るつもりもないし、君の成長もないでしょう」と線を引く。「私は別に君の親じゃないし、この4年間だけの付き合いだから、将来苦労するのは君だからね。今、陸上を通して変わらなかったら、将来、君は何もないよね」と話をしますね。全部はね、変えられないですよ。少しぐらい気づいてくれることで成長のある子もいるんじゃないですか。

ビジネスマンとして、いくら取引先の人でも、一緒に働きたくないなって人はダメですよ。最後は好きか嫌いかでしょう。みんなが生理的にダメかどうか。「あいつの心の悪さには付き合えない、いくら金をくれるったってやらないよ」というね。

最近の若者は以前と変わった？

変わってないと思いますよ。私は言いたくないんですよ、いつの時代も「今の若者は」と言われたわけだから。今頃の若者のほうが、いろんな情報をキャッチしてる分、表面的な知識は豊富で、基礎能力は高いと思います。ただ、本質的なところを理解する力とか、突破する力はないんじゃないですか。表面的なことだけで会話が成り立つから。表面的なことだけで事が済んじゃうし、テストで点数が取れるから。本当はその言語とかルールは何か課題、反省点があって初めて作り上げていって、新しいものになるんだけど、その部分が端折られている。答えの部分だけを理解して、相手と折衝事をするから化けの皮がすぐはがれるんですよ。何事に対しても、基本がすぽっと抜け落ちている。

うちのチームでは、教える時に練習計画書を1ヵ月スパンで出した時に「この1週間は質より量が大事だよ」「今は量を追いかけていくんだよ」とか、目的を可能な限り伝えるようにしている。プロジェクト進行や合宿の目的を書かせたり、日頃から訓練したりしている。本質を理解するようにさせているんです。

最近思うに、わがチームは、自分で言うのは何だけれども成熟しましたねえ。本当に口を出さなくなった。ルール化が定着して。方向性が多少ずれていてもやり方を学ばせるじゃないですか。一旦学ばせたら、自主的にそれをやり出す。やり出して、色々と発表なんかをやってる姿を見て、ああでもない、こうでもないと評論していく。徐々に方向性が固まってくる。そうすると、学生同士で自らやり出すわけですよね。私の出番がなくなってきたのは、いいことだと思う。

私自身は視界が広くなりましたね。だから、私自身も勉強しなきゃいけないですよ。箱根駅伝にとらわれず、陸上界全体の視点で物事をとらえて、学生たちに課題を投げかける。最初は箱根駅伝に出ましょう、シードを取りましょう、優勝しましょう……だったのが、次は何かと言ったら、陸上界はどうあるべきなのか、世界、五輪で闘えるためにはどうあるべきなのか、という大きい枠組みで考えるようになる。次なる目標となってくると、歳を取ってくるから、今度は後進の指導者を育てることなんでしょうね。いつまでも自分が現場で仕切ってやってるようじゃあ、ダメなんだと思います。私の分身をいかに作っていくかというところに入ってくる。彼らが実業団、高校の指導者になる。その時には、また同じ悩みを抱える。イチから作るわけですから。最初からうまくはいかんのですよ。その時に悩みを聞いてあげる、親分的な立場になれるようにね。指導者だけじゃないですよ。一般職の管理職として、仕事場で責任者として、悩みを抱えた人の、心のよりどころになれればいい。「一生現役!」「一生現場!」っていうのは、私にはどうかなと思うな。

1　教育の基本は、加点方式なんです

２０１５年箱根駅伝で初優勝。その秋から駅伝シーズンが始まったが、原監督はこれまでとは違う感覚を味わっていた。

「日々プレッシャーを感じました。知らず知らずのうちに去年のチームと比較しては、〝あれが出来ない、これが出来ない〟と減点方式で見ていたと思います」。

そして箱根駅伝の前哨戦といわれる11月の全日本大学駅伝で東洋大学に黒星。ここで指揮官は自ら反省する。

「本来、私は減点方式が大嫌いです。教育の基本は、加点方式なんです。昔はどうだった、あの人はこうだった、ではなく今のチームをどう強化していくか。残り２ヵ月だからこそ〝これが出来た、あれが出来た〟と前向きに評価しなければならない」と原点回帰をした。

選手たちには「積み重ねてきた練習に改めてこだわって、箱根に向かおう」と呼びかけた。結果は箱根連覇。全区間１位という快挙を成し遂げた。

2
百の失敗から学ぶよりも
ひとつの成功体験が学生を成長させる

「失敗は成功のもと」と言われている。

しかし、原監督は、その逆をいく。確かに失敗からも多くのことは学べるが、成功に向かって努力を重ねることが出来るのは、「成功体験」がその先にあるという期待感があるからだ。

大学の4年間は長いようで短い。その4年間で多くの失敗を重ねすぎた場合、あっという間に時は過ぎてしまう。小さな挫折を味わい続けることで、本来発揮できたはずの能力が花開く前につぶれてしまう選手もいる。

原監督は、実現可能な「半歩先の目標」を重視。たとえ小さな目標であっても、それをクリアする積み重ねが大きな成功への最短距離となり、喜びにあふれた人間、そして明るさに満ちた組織作りの基盤となる。

3 上意下達の指導では選手たちはついてきません

従来の陸上界では、指導者、先輩からプレッシャーをかけて、選手の「反骨心」を引き出そうとする傾向が強かったが、原監督は選手の気持ちをアゲること、「むしろ、いかにメンタル面を引き上げるか」を考えている。「明るいこと、話をすること、提案することはいいことなんだ」という方針で学生とコミュニケーションを取る。

また、監督からの問答無用の命令をしないという姿勢だけでなく、体育会運動部ではありがちな〝4年生は神様制度〟もない。掃除洗濯など身の回りのことは全部選手自身が行い、上級生も掃除当番に組み込まれている。「スポーツがようやく、一歩通行の指導じゃなくなった。今までは指導者が〝俺の言うことを黙って聞いときゃいい〟という感じでやっていた」。勝つために必要なことは、「強くなりたい」という気持ちを指導者が育てることに尽きるという。

4
監督から「ああしろ、こうしろ」と言われてやっても意味がない。選手が自発的に目標を定めて「やる！」と言わないとモチベーションにつながらない

「陸上競技で一番大切なのが規則正しい生活ですが、監督命令だと思ったら絶対に腹落ちしません。うちのチームは朝5時に起きて、夜は10時門限の10時15分消灯なのですが、やらされ感があるとギリギリになったり、門限を破ったりすることにつながる」

一方で、規則正しい生活をしようと思えば、その空間が居心地が良くなければ人は長居しないという現実もある。

体育会の合宿所は生活全体が修行のような考え方が主流だったが、原監督は「寮生活は家でありみんなが家族であり、憩いの場であるべきという考えです。合宿所に返ってきてホッとすれば、ここで遊ぶようになります。そのような仕掛けをしないと、よそで遊ぶようになるんです」と語る。

5 自分の思いを監督に自由に言える雰囲気も必要です。若者の意見を潰してはダメだということです

原監督ほど「言葉」、そして「コミュニケーション」を重要視する監督もスポーツ界では珍しいだろう。

一般的に、運動部において監督に面と向かって意見を言える学生はなかなかいないものである。

しかし、青学大にはそれを許容する土壌が既に出来上がっている。

毎朝行われる持ち回りのスピーチでは恋愛でも、家族でもテーマは自由。笑いをとれたら「なお良し」なのである。

体育会で長年行われてきた、いわゆる「声出し」のオシャレ版とも言えるが、このスピーチを実施し続けていることが大きい。自分のことを相手に伝える訓練にもなり、そして部員の相互理解を深めることにもつながっている。

6　学生の目線に合わせた指導を心掛けています

大まかにとらえれば「速く走る」という非常にシンプルな陸上競技。「青トレ」と呼ばれるようになったコアトレーニングは新しく導入したが、大枠の練習内容は他校と驚くような相違点はないという。

「大切なのは目標管理であり、選手たちを練習にどう向き合わせるか。個性に応じて、直接声を掛ける子もいれば、あえて放っておく子もいる。今では、練習をやり過ぎている子を抑えたり、間違った方向に向かって頑張っている子を修正したりするのが監督の役目になっています」

選手たちに信念を伝えて土壌を耕し、指示が理解出来るようになったらヒントのみを与えていく。そして、組織が成熟した段階では選手を観察して「気づき」を与えるという指導法に移る。

7 昔は「辛抱しろ」が日本の美徳だった。今はそんな時代ではない

マラソン。

それは過酷な競技であり、過酷な練習を耐え抜かなければならない。長距離種目も同様だ。

我慢は美学であり、走ることのみに没頭し、生きる世界はその世界のみ――。

従来はそれが「善」とされていた。

その先入観に、原監督は異論を唱える。

「円谷さんから始まり、瀬古さん、宗さんの時代以来〝マラソン＝過酷な練習〟との呪縛にとらわれている。走る量をこなすことのみがすべてという根性論でした。しかし、私はそれは違うと声を上げて、駅伝、陸上の改革を目指していきます」

8　何でもかんでも「ハイ」と答えるな

「ハイ！」と返事は良くても、「なんでハイと言っているんだ」という質問にも「ハイ！」と答える学生もいる。

どんなことにでも「ハイ！」と答える場合は、自分の頭で考えていない可能性がある。自分自身で選択することに責任は伴うが、学生であっても学生なりに責任を持つことが大事だと、原監督は語る。

一番大切なのは「いい返事をすること」ではなく、「自分の頭で考えた言葉で、自分の思いを言葉で的確に表現すること」。

いわゆる体育会的なあいさつ「ハイッ！」。そこには、「実は何も理解していない」という危険が潜んでいるという。

9 答えは出さずに出るまで待つ。監督は示唆しない

原監督は就任当初こそ手取り足取りで選手を指導し、細かい指示も色々と出していたが、今は違う。

青学大陸上競技部の組織レベルは、原監督が言うところの「ステージ4」の状態に入っているという。

「ステージ1」は監督命令型。

「ステージ2」は監督が選手の代表者に指示を出す段階。

「ステージ3」は監督は大筋の方針だけを示し、チームリーダーと部員が一緒に自ら考えていく段階。

原監督はこの1～3を経て、選手を観察してヒントだけを与える「ステージ4」の「サポート型」に移行。組織としての成熟期に入っている。

10 絶対的な答えのないところで答えを掴む作業をやる

例え話を多用するのも、原監督の指導の特徴だ。

「よく学生に言うのは、女性を口説く時に〝好きです〟だけで終わるのかい、と。口説く時には方法を色々と考えるし、その答えもひとつだけじゃないでしょう」

現代は情報が氾濫しており、調べようと思えば世界中から情報を集め、知識を得ることが出来る。だからこそ、従来のように指導者を100％信じてついていくという関係性の構築が難しくなっている。

「コピペ世代というのでしょうか、情報を集めて加工することは得意ですので、答えを引き出すヒントさえ投げかければ、あれこれ駆使して、さまざまな回答を出してきます。上から下に答えを指示するのではなく、ヒントを与え、自分で目標を立てさせ、その工程も自ら管理させる環境作りが重要です」

11

今の選手は理論で言わないと納得しない。ただ、理論だけでは男は動かない。「お前のために」というのが必要

さとり世代以降の若者は、冷めている、諦めているというフレーズがついて回るが、原監督は「いつの時代も〝今の若者は〟って言いますけど、やっぱり熱い男は好きなんじゃないですか」と見る。

「私が熱くなっていると、選手たちは〝また監督やってるよ〟って、テンションが上がるんですよ」

もちろん、きっちり理論立てた普段があるからこそ、情が効く。「そもそも教える時、練習計画書を1カ月スパンで出した時は〝この1週間は質より量が重要だよ〟、〝今は量を追っかけていくんだよ〟とか目的を可能な限り伝えるようにしてますからね」。指導者が選手の人格をみると同時に、選手もまた監督に人格を感じ、敏感に反応している。

「逆に、指導者がいつもへりくだってペコペコしていたら、誰もついてきませんよ」

12
根性と理屈は両輪。根性論だけではついてこない。緻密さと理屈が指導の両輪

いつの時代も「今どきの若者は……」の後には、若者に対するネガティブな言葉がついてくるものだ。

しかし、原監督は違う。むしろ「今の子は賢い」と位置付ける。

「彼らは賢いので、理路整然とした根拠のある理屈で説明すれば、やるべきことをやります」と見ているのだ。だからこそ〝根性論〟で押さえつけることなど出来ないとも語る。

もともと原監督自身が「人が決めたルールで動くのが大嫌い」という側面があり、「自分で理屈づけをしながら攻めていくのが好きなんです」と言う人物だ。

バラエティ番組に出演したり、テレビを見たりする中でも、さまざまな人の意見や立ち居振る舞いからヒントを得て、自分に、そして選手たちに置き換えることが出来るのかを考えている。

13

やる気を引き出すには言葉が重要。大切なのは問題に臨む前向きな態度だ

2015年箱根駅伝初優勝。このレースの直前、原監督は選手起用について、ある決断を下していた。レギュラーの田村和希が体調不良に陥り、往路4区を山村隼に任せることが規定路線。しかし、スピードでは田村が勝る。とはいえ、体調の回復具合を読み違えるとチームに大ダメージを与える。

ここで原監督は田村起用を決意した。山村に4区から外すことを伝える際、レース展望、持ちタイムを基に落選の理由を説明した。さらに「ここを克服すれば来年は起用の可能性が高まる」というアドバイスも付け加えた。その山村が総合優勝後の胴上げで「監督の胴上げは優勝の重みを感じました。神野は空高く飛んでいきました」と感想。自分が外された試合でも、ナイスコメントをした心意気に指揮官は感じ入った。

14
いつも同じ言葉でしゃべっちゃうと面白みがないでしょう。だから色々な言い回しを考えながら話します。キャッチフレーズを作るんです

就任当初から選手へ言い続けている言葉がある。

それは、「感動を人からもらうのではなく、感動を与えられる人間になろう」「今日のことは今日やろう。明日はまた明日やるべきことがある」「人間の能力に大きな差はない。あるとすればそれは熱意の差だ」。

壮大なテーマであり、すぐさま実現出来ることではない。だからこそ、原監督は言い続けている。

「月に数回は僕が参加するミーティングがあるのですが、大概、同じことばっかり言いますよね。ただそれをいつも同じ言葉でしゃべっちゃうと面白みがないでしょう。だから色々な言い回しを考えながら話します。キャッチフレーズを作るんです」

15 叱っていいのは、何度も同じ過ちを繰り返す時。自分が悪かったと気づかせる叱り方をすべきです

原監督が学生たちに投げかける「なぜ？」の問い。

選手がこの「なぜ？」を自分自身に問い続けられるかどうかが成長のカギを握っている。同じ過ちを繰り返す場合は、「なぜ？」が本人の中で消化されておらず、目標を見誤ったり、見失ったりしているケースが多い。

「小さなミスの積み重ねは大きなミスにつながるよ」と叱り、原因は自分にあるのだと認識させることが、その後の「気づき」にもつながってくる。

大人が叱る言葉はいつの間にか「なぜ？」は「なんでだ！」に変化し、相手を責めるだけの言葉になりがちだである。

しかしこの「なぜ？」を問うことが本人の助けにもなる。

16　叱る時は「論理構成」を持って指示する必要があります

選手たちも、原監督の「論理構成」に納得している。陸上のみならず、他スポーツの指導者が近年、こぞって口にする言葉がある。「最近の若者は、理由を知りたがる」。旧来は指導者が「やれ」と言った練習に黙々と取り組むことがあるべき姿、とされていたが、「なぜこの練習をしなければいけないのか」「練習することでどのようなメリットがあるのか」という疑問を口にする若手選手が増えたという。

原監督は常に練習の目的、理由を最初に選手へ開示する。そうすることで選手たちは納得、理解した上で練習に取り組むため、今度は独自の工夫を凝らそうとしたり、さらなる意欲を持ったりする。自分を知っている選手であればあるほど、今度は自分の弱点を補強し、長所を伸ばそうと考える。早い段階で「なぜ？」を示すことで、選手たちは最短距離でゴールへ迎えるのだ。

17 結果だけを怒るのではなく傷ついたポイント、挫折したポイントを見つけてあげることが大切です

結果だけを見て、圧力をかけて怒るのは簡単だ。

しかし、結果が出ない選手には「必ず外的要因がある」と原監督は語る。友人関係がうまくいっていないかもしれない。彼女にフラれたなど恋愛関係で傷ついているのかもしれない。人との出会いには、いい出会いも悪い出会いもあるものだ。結果だけを問い詰めるのではなく、プロセスを共に振り返ることも重要。

原監督は教育論について問われた際、このように語っている。

「いつまでもテレビを見てる子供に〝いい加減に勉強しなさい〟と突然、電源を切ったら逆効果。そんな時は〝何分後から勉強する？〟と期限を設けさせる。もし、〝2時間後〟なんて言い返して来たら、さすがに叱ってもいいですよ」

18

結果だけを見て、監督が「もうオマエはダメだ」と突き放してしまったら選手も腐るし、組織も腐っていきます。突き放す前に選手の言葉を聞くことが大切です

「今すぐ芽が出ない社員についても、次の可能性を見てあげることが大切です。陸上でもその大会の結果だけを見て、監督が〝もうオマエはダメだ〟と突き放してしまったら、選手も腐るし、組織も腐っていきます。突き放す前に選手の言葉を聞くことが大切です」

この考えはそのまま企業の在り方にも転用出来る。

「ダメだ」と言い続けられる環境よりも、風通しのいい組織の方が若手社員からも思わぬアイディアが出てくることもある。「管理職の仕事は部下から情報を引き出して、実行するタイミングを作ること」だと言う。ネットの扱い、新しい情報の理解度は中高年よりも若手社員のほうがはるかに順応性は高い。決定権を持つ管理職が、その可能性を封じてしまうことはあまりにもったいない。

19 チームのビジョンだけでなく その子のビジョンも伝える

「箱根で優勝しよう」「一緒に戦おう」

これはあくまでチームのビジョンにすぎない。

選手との信頼関係構築に必要なことは、指導者が選手自身が進むべき道を照らし、指し示すことである。

大筋の方向を示したら、細かなプロセスは本人に考えさせ、有言実行を徹底させることが必要だ。

中学、高校などで日本のスポーツ指導者に欠けている視点は「選手個人のビジョンを伝えること」である。

指導者が個人のビジョンを提示してあげることによって、モチベーションを持って選手自身が考えるきっかけとなる。

20　報告と相談は違う。相談をしてくるような人に育てる

「監督、練習メニューはどうしましょう」「故障明けの誰それのコンディションがあまり良くないようですが、どうしたらいいでしょうか」。

原監督はこのような丸投げ系の質問を受け付けていない。

すべて指導者に応えを求めるのではなく、自分の頭で考えた結果を持ち込み、さらなるアドバイスを仰ぐ。これが青学大流だ。

「気温を考慮すると、これこれこのような練習メニューがいいと思うのですが、いかがでしょう」「選手がケガからの復帰計画を立てていますが、どうも無理があるようです。1週間の余裕を持って調整させようと思うのですが」……までいければＯＫ。提案型の提案型営業マンとして活躍した原監督の教え子たちは、今すぐ企業に就職しても有能な新人になってくれそうだ。

21 そもそも、発想力は若い選手のほうが優れています

学生たちに自分で考え、実践させるには、指導者側の勇気も必要となる。経験ははるかに指導者側に分があるように思えるが、原監督はこう語る。

「どうすれば速く走れるようになるかを選手たちに考えさせて実践してもらう。そもそも、発想力などは若い選手のほうが優れています。彼らを自立させて、能動的にやらせたほうが監督の力量を超えるアイディアが出てくるんです」

組織づくりが進むにつれ、監督の仕事は〝選手が進むべき道〟を指差すことに特化されていくという。

「そのトレーニングをチームとして今やるべきなのか、半年後にやるべきなのか、あるいは5年後にやるべきなのかという判断は、彼らでは出来ない。君の言っていることが正しいけど、〝今やるタイミングじゃないよね〟、という話をするのは私の役目です」

22
「頑張れば、また来年も女の子にモテる」というモチベーションも私は大切だと思います

ストイックなイメージのある長距離界。

原監督もまた、広島・世羅高校時代は「まるで修行僧のような」寮生活、そして選手生活を送っていた。

先輩・後輩の上下関係は厳しく、高校入学から数ヵ月後、ガキ大将として過ごした中学を訪問した際は、先生に話しかけられるたびに何でも「ハイッ！」と答えてしまい、「あの原くんが」と驚かれたというほど〝軍隊式〟だったという。

そんな陸上界において、「頑張ればまた、来年も女の子にモテるというモチベーションもいい」という方針を公言することは異例中の異例。「今の大学生の自然な喜び方」は受け入れ、それを1年間の頑張りのバネとさせることは否定しない。努力の原動力を本人が獲得することにジャンルは問わないのだ。

23

私は一流どころか、箱根駅伝も走ったことがない。スイッチがある場所を教えられますがボタンを押すのは選手本人です

原監督は「男というのは面白いもので、どこかのタイミングで〝スイッチ〟が入ります」とみている。

「山の神」と呼ばれた神野大地でさえ、大学入学後は羽を伸ばした時期もあったらしいが、大学2年以降は消灯時間を徹底するなど、原監督がいうところの〝スイッチ〟が入り、エース格に成長した。

そして「山の神」になったのである。

原監督は

「そもそも僕には箱根駅伝で何かを成し遂げたい、という思いはないんです。どちらかというと原晋という男の存在価値を認めてもらいたい気持ちのほうが強かった。監督に就任するまで箱根は興味がなかったですし、見てもいなかった。それでも、やれば出来る」

24
選手たちを、走りたくて仕方ないという心の状態に持っていくことが大切です

２０１５年箱根駅伝を控えた、２０１４年秋。

原監督は３区で走らせたいと考えている選手がいた。しかし、秋の時点で本人に直接「３区で考えている」と伝えると、「自分を使ってくれる」と安心してしまう可能性がある。

そこで、マネジャーを通して「３区で使いたいなあ」とつぶやき、間接的に本人へ伝わるように仕向けた。

結果「監督はそんなことを考えているのか」と本人が前向きに練習に取り組むように。

そして、実際に３区で起用された渡邊利典は好走を見せた。

いかにして選手の気持ちをアゲるか。原監督は常に「相手がどう思うか、感じるか」を考え、予測し、言葉を使ってタクトを振っている。

25 自立した選手を育てる。監督が言うから走るという ヤワな選手にしたくない

根性、根性、ど根性だけで選手が動く時代は終わった。

スマホをいじれば、最新トレーニングの情報、指導者が説く理論の真逆をいく新理論があふれ、ちょっとやる気を出せば海外の最新情報まで探し出すことが出来る。そんな時代に、問答無用で命令する指導者の言うことを信じてついてくる若者は多くはない。

むしろ心の中で「何か言ってる」とツッコまれる危険性すらある。

原監督は「やる気を出させる」ことに注力し、選手たちが自ら立ち上がり、走り出すように仕向ける名人だ。

監督が言うから走るというタイプの選手を「ヤワ」と言い切るのは、青学大の指導が〝心の上級者向け〟に特化されていることを示している。

26
普段からコミュニケーションをしておけば「こいつを裏切れない」という人間関係ができます

青学大陸上競技部の教えは、「陸上競技のための練習」ではない。原監督曰く、「学生スポーツは社会に出る前の知識をつける場。社会があって初めて陸上界があるのです。つまり、陸上競技部で身につけたことは、社会に役立たなければいけないと私は思います」。だからこそ、原監督は社会に出た時に最も必要とされる「コミュニケーション能力」を重視する。「食事中はどんどん会話しろ」という方針も、コミュニケーションを深めるため。「競技にも大きな影響を与えます。普段からコミュニケーションをしておけば、〝こいつを裏切れない〟という人間関係が出来ます。それが駅伝レースでは特に重要なんです。坂道でしんどくなっても、あいつのためにタスキを渡したいという気持ちがあれば、もうひと踏ん張り利くようになる。レース中に思い浮かぶのは監督の顔ではなく、仲間たちの顔なんです」

27
人が人を動かしていくわけだから そこにはどうしても情が不可欠になります

テレビ番組を見ても、異業種の人物と話していても、原監督はいつもどこかでヒントを感じ取り、それを理論立てて指導に生かしている。

本人が言うところの「理屈好き」ではあるが、最後は「お前に託すから、お前自身、そして部のために頑張ってくれ」という〝情〟に訴える部分が必要となると考えている。就任当時は「まず君たちの4年間の中で優勝させること、夢を叶えさせることは約束できない。ただ、このチームは10年後には必ず優勝させるから、その礎を一緒に作ってくれないか。ルール作りを一緒にやってくれないか」と覚悟を伝え、情に訴えると、監督と一緒にチーム作りをしようということになったという。

理論、そして、情の両輪で組織作りの土壌を耕すことは一朝一夕には出来ない。スポーツでも、会社組織においても、指導者の理念を浸透させるには年数が必要となる。

28
人として裏切る行為をした時は雪隠詰めにして怒りますよ

自分のことを「昭和のクソオヤジ」と言う原監督について疑っている方もいるかもしれない。外見はスマートで甘い顔立ち。本当は現代にすっかり順応した「オヤジ版リア充」なのではないかと。

いやいやどうして、やはり「昭和のオヤジ」だ。

言葉のチョイスが「雪隠」というだけで、もう充分すぎるほど昭和の男である。人柄は温厚で、現在の選手たちは怒ったところをあまり見たことがないというが、原監督が怒るポイントは「男気」に背いた時だ。

約束を守らない、自分で決めた目標に向かって努力しない……。

「今の若者は他人からどう見られているのかをとても気にしているので、そこを逆手にとって〝今のままではみんな君を信用しないよ〟と伝えます。これは効きますね」

29

人間として、男として自立させること。男なら何かを成し遂げろ

原監督は2016年、チームに対して「男気」というヒントを与えた。男気の解釈は選手それぞれである。監督自身が考える「男気」は「伝説をつくること」であり、ある選手にとっては「約束を守ること」であり、またある選手は人とは異なる見解を述べたり。人それぞれ、考える「男気」があった。

指揮官は「それをひとつずつやり遂げたら」と〝男気〟の実践が大きな目標への近道と説く。

これは陸上競技のタイムを短縮するためだけの心がけではなく、社会に出た時に通用する人格形成に通じる。

「男気」という言葉の投げかけはジョークと思いきや、深い意味がある。学生たちはある意味、毎日油断ならないのかもしれない。

30　強い信念を持つこと、約束を守ること

伸びる選手の条件として、原監督は数々の条件を挙げてきた。

「ごめんなさいが言える選手は伸びる」「約束を守る選手」……。

中でも「強い信念を持つこと」も重要な要素だ。

強い信念とは覚悟であり、例えば3代目・山の神、神野大地は、高校時代から「人生賭けて走ってます」と公言するほど、陸上に対して真摯に向き合ってきた。

もちろん、選手のうち全員が全員、神野と同じ実力ではなければ、さまざまな個性、能力を持った人間がいる。

しかしながら、組織の目標を達成するために「自分に何が出来るか」を考え始める人間が増えれば、その組織は強くなれる。

31　素直に「ごめんなさい」と言える人材は強いです

原監督の〝怒りスイッチ〟は「裏切った時」だという。

青学大の校風は文武両道。選手は「勉強も練習も頑張ります」として入部したにもかかわらず「練習についていけずに早々に辞めたいなどと言われると、まだ何も努力していないじゃないか、あの約束は何だったのかと怒ります」。怒る時は「言い訳をさせない、徹底的に理由を聞く。逃げ場を作らせない。〝またでいいや〟ではなく、徹底的に〝お前の悪さを追及する〟ということです」。

もうひとつは「言い訳」をした時。

一言目に謝罪がないまま、出来ない理由を次々と口にする選手にはガッチリ怒るという。半面、素直に謝ることが出来る選手には見どころあり。

反省すれば、出来ない理由よりも「どうすれば出来るか」を考えるようになり、次のステップへ移っていく自主性を持つからだ。

32
どれだけ足が速くても人間として心根が腐っていたらどうにもならない

心根が悪い人間は組織を腐らせる。

就任して間もなく、早く結果を出したいという一心で、タイム重視で選手をスカウトしたことがあった。

知人の指導者に「あの選手は採ってはいけない。チームがダメになるぞ」と忠告を受けたが、原監督は反骨心からその忠告をむしろ跳ね返してやろう、この選手を中心に箱根出場を目指そうと決心した。

しかし、その選手はタイムでは入学後もダントツの成績を残したが、乱れた生活でチームの和を乱し、陸上競技部は一時、空中分解寸前に陥ったという。

この出来事を教訓に、原監督は選手をスカウトする際に「自分で考え、自分を表現出来る子」に声を掛けるようになった。

33 最後は感性や表情豊かな選手が伸びる

感性は人それぞれだ。相手に声を荒らげられて初めて、相手が怒っていると気づく人もいる。淡々と感情を込めずに注意されるほうが怖いと感じる人もいる。原監督が伸びる選手と見るのは「感性、表情が豊かな子」だ。

「ただ黙っておとなしく言うことを聞いている子じゃなくて、コミュニケーションが出来る子がいい選手になる。陸上はどうしても個人プレーになりがちなんだけど、今、あえて全体ミーティングで〝それじゃだめだ〟ということを言っています。世の中に出たら、ただ自分だけが走ればいいわけじゃないんだからなって。だから陸上選手は会社の中で出世しないいんだよってね」

指導の成果だろう。選手の中には、監督がユーモアたっぷりに話している時にこそ、本当のことを指摘していると気づいている選手もいるという。青学大陸上競技部は指示待ちタイプなら苦労する、上級者向けの組織にまで成熟している。

34
私が選手をスカウトするにあたって基準のひとつにしているのが「表現力が豊かな選手」か「自分の言葉を持っている選手」

原監督が「ウサギのような走り方」に目をつけてスカウトしてきた神野大地。のちに2015、2016年連覇の原動力となったが、ややもすると体重が30kg台になってしまうほど線が細い選手だった。それが、2015年箱根駅伝では難コースを1時間16分15秒で走り、3年前に「山の神」柏原竜二がたたき出した1時間16分39秒の参考記録を24秒も更新。原監督に「完全なる柏原超えですよ！　超人、神野です！」と称えられた快走を見せた。神野はレース後、選手招集の際に「じんの」と呼ばれたことを明かし「これで〝かみの〟と覚えてもらえたでしょうか」とジョーク一発。さらに、チームメートの山村が「監督の胴上げは優勝の重みを感じました。神野は空高く飛んでいきました」と気の利いたコメント。

原監督の教えが浸透していることがうかがわれる優勝だった。

35

「タイム」よりも、表情や言葉の豊かな子や走りに表現力があふれている選手を重視してきました

青学大陸上競技部ならではの明るさはチームカラーになっている。その明るさは「偶然そうなったわけではなく、指揮を執るようになって色々と試行錯誤」してきた結果だという。

2015年箱根駅伝の5区で超人的な走りを見せた「山の神」神野も、〝表現豊かな走り〟が原監督の目に留まった。高2の神野を菅平合宿で見た際は「ウサギのようにぴょんぴょん走る姿を見て、大きな走りをする子だなあ」と思わず感心。5000mのタイムも知らないまま「うちに来れば絶対に強くなれるよ」と声を掛け、本人も進学を決意した。後日、監督は神野のタイムを知ることになるが、数字だけをとらえれば目立った選手ではなかったという。「明るい選手」とは、大きな声で「ハイッ」と返事が出来ることではなく、自分の考えや思いを言葉、行動で表現出来る選手を指す。

36　いい練習はいい生活から

朝練習に出れば、いつの間にかコンビニで立ち読み。寮の部屋から何か音がすると思えば、パチンコ台を持ち込んでいる学生もいた。二日酔いで練習に現れたり、茶髪選手も珍しくなかった。

原監督が就任した当初の青学大陸上競技部は、そんな状態だった。

技術より、何よりも体調管理が記録に直結する陸上競技、中でも長距離種目において指揮官は「規則正しい生活」を繰り返し説いた。反発を受けながらも、その方針を決して曲げることはなかった。

部を去った者もいる。しかし、残った者もいた。

就任3年目を終えた際、クビを切られる可能性もあったが、残った選手たちが残留を求めたこともあって4年目に突入。原監督は今でも、この選手たちに感謝しているという。

37 強いランナーの最大の武器は「バカになれること」

かのアントニオ猪木氏は言った。「バカになれ」と。一流は一流を知る。

2012年箱根駅伝でチームを5位躍進に導いた当時、原監督も期せずして同じ言葉を口にしていた。

今までの方法とは異なる新しい試みを始める姿は、ある人から見ればそう見えるかもしれない。

また、選手たちに手を変え品を変え、目標を刷り込むキャッチフレーズを連発する姿は、見る人によってそう感じられるかもしれない。

目標に向かってあらゆる工夫を凝らす「新しい人」はいつの時代も異端扱いされる。異端となることを恐れず、正しい努力を実行していく背中はいつの日か、ヒーローとなる可能性を秘めている。

38

50人いれば1番から50番まで順番がつく。みんなが1番になれるわけではない。50番だから悪いのではなく50番から頑張っているか否かをしっかりと見てあげることが大切

桜の木にバラは咲かない。

タイムを競う陸上競技は、必然的に順番が付いてくる。その上で、原監督は指導する際の目線を相対的にするように心がけているという。エースがいれば、いぶし銀もいる。早熟型もいれば、大器晩成型もいる。彼らのレベルに合わせた評価をすることで、「自分のことを見ていてくれたのだ」という安心感を与えることも出来る上、向上心も生まれる。

ここで「トップに比べてお前は何秒劣っている」という絶対評価をし続ければ、組織のピラミッドは下部から腐り始める。コツコツ努力した選手の中には、箱根駅伝メンバーの最終決定となるタイムトライアルで好タイムを叩き出した例も。その人なりの「半歩先」を積み重ねることが重要なのだ。

39

今、お前に何が出来る？　走ることだろ。お姉さんへの恩返しと思って出来ることをやりなさい

2011年3月。1月の箱根駅伝の余韻が落ち着いた頃、入学を控えた新1年生たちが東京・町田市の合宿所に入寮した。新天地への不安、青学大陸上競技部に入った期待に胸を膨らませた若者たちが顔をそろえていく。

そんな時、東日本大震災が起こった。入寮間もない新1年生の中に、宮城県東松島市出身の高橋宗司がいた。実家は海岸にほど近く、姉が津波の犠牲になった。もともと姉が箱根駅伝の大ファンだったことから、高校で陸上を始めて青学大へ。自分の青学大進学も喜んでくれた姉を思い、あまりのショックでしばらくの間、練習出来ない日々が続いた。

そんな時に、原監督はこの言葉を伝えた。翌2012年、高橋は箱根駅伝に初出場して同校史上ふたり目の区間賞を獲得。4年時にも自身2度目の区間賞を受賞し、現在も一般ランナーとして走り続けている。

40
信じてついてきてくれた選手たちが「原で大丈夫なのか？」という声を打ち消してくれた

就任3年目。就任当初に大学側へ公約した「3〜5年で箱根駅伝本選出場」の第1段階のリミットを迎えた。早く結果を出そうと焦り、タイム重視でスカウトしてきた選手が試合で結果は出しても生活面が荒れるようになり、周囲に影響を及ぼすようになっていた。チームの雰囲気は険悪で、原監督自身も選手と衝突したことも。

箱根予選会では就任1年目と同じ16位に終わり、原監督を快く思わないOBが選手に反旗を翻すように勧めていた事もあったという。嘱託として3年契約だったため、クビを切られてもおかしくない状況だったが、大学への再プレゼン、そして残った選手たちが「原監督と一緒にやりたい」と言ってくれたため4年目に突入。そして今がある。前回連覇の原動力となった〝新・山の神〟神野大地が「ついていったら、今までの常識を覆して陸上界を変えていける」と感じるまでに、選手との信頼感は厚くなっていた。

41

ジュニア世代に「陸上は楽しく夢があるんだ」と発信します。それは優勝チームの監督の役割

自分がメディアに露出することで、子供たちがサッカー、野球ではなく陸上を志してほしいと願っている。陸上界の隆盛はまずは認知度アップ、そして競技人口増加が近道だと信じているからだ。目立つことを快く思わない周囲の声も聞こえないわけではないが、まったく意に介していない。「ジュニア世代に陸上は楽しく夢があると発信しないと。それは優勝チームの監督の役割」。2015、2016年箱根駅伝を連覇したことで、さらにアイディアを発信していくつもりでいる。

「今年（2016年）勝って初めて方針が理解されると思っていた。陸上界を明るく、未来ある組織にしていきたい」

そして、2017年は3連覇がかかる。徐々に2020年東京五輪が近づき、子供たちの関心がよりスポーツに集まる中、陸上界の〝広報〟的役割を担うつもりでいる。

42
チームを築いてくれて感謝したい。今後は、いいふるさとを築いてもらいたいですね

２０１１年1月、青学大は箱根駅伝で総合9位に入り、２年連続のシード権を獲得した。往路16位でシード落ちの危機に瀕したが、復路ではシード権を得られる10位まで1分34秒差でスタート。最終区間までもつれ込む激戦を各選手の力走で制して、総合9位に食い込んだ。

このラストスパートを盛り立てたチームの小林駿祐主将（当時）は「4年間、一度も成功したことがないラストスパートが初めて成功した。すごいホッとしてる」と安ど。原監督はそんな教え子が地元・秋田県に就職していることを踏まえ「チームを築いてくれて感謝したい。今後は、人口減少に悩む秋田県に東京の文化を発信し、魅力ある街づくりに貢献してほしいですね」。大学を卒業してからの方が人生は長い。冗談めかした言い回しでも、就職後の〝大きな目標〞を教え子に与えている。

43

絶頂期に冷や水を浴びせかけてくれる人は必要です

中国電力の陸上競技部1期生として鳴り物入りで入部し、周囲にもてはやされた。しかし、ストイックに陸上に取り組めなかった原監督に対し、周囲の風当たりは厳しく、最終的に全国的な成績を出すことは出来なかった。

「(入部当初は) みんなが僕をワーッと持ち上げてくれたものです。しかし、結局僕はアスリートとして、周囲が満足な成績を残せなかった。すると、周りは手のひらを返したようにドドドッと引きましたよ」

箱根駅伝での活躍により、メディアへの露出が増え、全国区の人気者となった。それらを喜びとしてさらなる力に変えようという考えも持っているが、一方、かつての苦い体験を踏まえ、成功している時こそ、その成功に甘んじることなく、厳しい意見を浴びせられる客観的な目も持ち合わせている。

44
感動を人からもらうのではなく
感動を与えることの出来る人間になろう

原監督が監督就任当初から掲げている3ヵ条のうちのひとつである。「感動を与えることの出来る人間」とは受け取り方によって、幅広い解釈が可能だ。選手として身を立てたい、人生を賭けるのだと決めている選手は、いかにしてタイムを縮めるか、チームの底上げをするかに心を砕いていく。

選手の実力としてはイマイチでも、主務としてチームを支えていけば、選手から感謝されることも多い。陸上競技部4年間では輝けなかったとしても、原監督の薫陶を受けたことで、社会人となってから目覚ましい活躍をすることが出来るかもしれない。

「選手になろう」ではなく「人間になろう」という言葉を選んだ意図は、原監督が「社会に通用する人間教育」を意識しているからだろう。

45

箱根王者のプライドは持ってほしいが天狗にならず、一学生として過ごしてほしい

今を時めく青学大陸上競技部とはいえ、卒業後もアスリートとして、五輪、世界選手権に出場して世界と渡り合える選手はほんのひと握りである。

多くの学生は、陸上を辞めてからの人生のほうが長い。

憧れの箱根に出場したことを喜ぶあまり、いつしか「心のマナー」が乱れてしまい、自分自身や他人の信頼を失ってしまうと、取り返すために多くの時間がかかる。

プライドは大切だ。しかしそれにおごることなく、ひとりの学生としての自分を保ち続けることはもっと大切だ。

「社会に通用する人間力」を養うことを、常日頃から大きな目的としている原監督ならではの言葉だ。

46
箱根を目指すことだけが、幸せとは限らない。ここが輝けるという場所を探してあげたい

強豪校として着々と実績を重ねている青学大。実業団からの引く手もあまた、監督もどのチームに選手を送り出すか悩んでいるのではと思いきや、原監督は世界と闘える実力を秘めた選手、本人の強い希望がある場合を除き、基本的に一般企業への就職を勧めている。

また、選手以外にも主務、マネジャーのポジションを重視。高校時代、主将としてチームをまとめる際に主務の友人が大きな役割を果たしてくれたことを覚えているからだ。

「一般企業を目指す学生は、3年生の頃から就職活動をしないといけません。就活に集中する学生、裏方としてチームマネジメントを担う学生もいます。選手として難しい場合は、そのまま箱根を目指すことが幸せとは限らない」

本人が思う存分、能力を発揮出来る場所探しも気にかける。「社会の中に陸上界がある」という考えの原監督ならではだ。

47

箱根駅伝にかかわる中で　どれだけ魅力ある人間を輩出出来るかが勝負だと思っている

原監督は陸上を通して、社会で通用する人材を育成するということを常に目標し、常に心がけている。

それはかつて原監督自身が、中国電力で陸上競技部を辞めた時、「陸上バカ」として周囲に扱われて、ずいぶんと悔しく悲しい思いをしたからだという。

その偏見を覆すべく、原監督はさまざまな苦労を味わいながらも、ついには「伝説の提案型営業マン」と称され、決して自分が「陸上バカ」ではないことを証明して見せた。

箱根駅伝という大きな目標を通しての4年間、原監督は選手たちに努力する姿勢の大切さを教え、コミュニケーションの重要さを伝え、魅力的な人間に育て上げて社会に送り出す。

そんな原監督にとって、教え子と飲む酒が一番うまいという。

第2章

組織を鍛える

コミュニケーションのノウハウ

もう、指導者が上から目線でやっちゃダメなんですよね。情報を勝ち取る方法は、若者の方が持ってるんです。もう今はネットなんですよ、今の若者の特徴として、インターネットで情報を入手することには長けているんです。彼らに何かしらの振りをすると、何らかの回答が出てくる。……でも、それはあくまで表面的な回答。インターネットを調べれば出てくるから。だけど、その内容は私の知識にもなり、コミュニケーションになってるんです。相手が興味のあることについて振ってあげれば、自ら話すじゃないですか。AKBの好きな子にはAKB、アニメ好きな子にはアニメの話を振ったら、当然好きなんだから好きなことには答えるわねえ。相手が知らないことを質問したって答えるわけがない。興味のあること、好きなことを通しながらしゃべらせて、逆に私の興味があることを相手に伝えたら、持ちつ持たれつで会話をする。一方的に私は興味があって、相手が興味ないことをボーンと話したら、心を開かない。まず、心を開かないといかんわねえ。

私もインターネットを自分で調べりゃパパッと出てきますけど、振ってあげることによって、学生らも興味のないことに対して勉強になってるんですよ。私も勉強になるし、お互いコミュニケーションになる。

だから私は、学生に携帯電話の操作も聞きますよ。全部やってくれる（笑）。この間も、ある人からショートメールが来て、追記のアドレスが添付されていたんです。そのまま返信したらバグっておかしくなるんで、学生に「いただいたアドレスでメールをやり取りしたいんだけど、どうすればいいの」って聞いたら「それはですねえ。コピーするでしょ、貼りつけるでしょ」ってやってくれたんですよ。「すごいね、お前。天才やね」と（笑）。

コミュニケーションを重視するのは、自分が若い頃、話を聞いてもらえなかったという経験もあるでしょうね。でも、それは私にも問題があったんだと思います。自分勝手なところがある「自由」だったんでしょう。

でも、時代の流れもあったと思います。時代が画一的に仕込みをしようという世の中だった。敗戦国・日本をもう一度立て直すという大義があって、ハチャメチャな思想のヤツを排除した時代だったと思う。というのは、我々の前の世代は学生運動で自分たちの国を自分たちで盛り立てようという発想で動いていた。それを抑えた政府は、またハチャメチャになったらより良い国にならないという発想で、枠の中にはめたんでしょう。自由な発想を持って行う若者を潰してきた時代でもあった。猛烈に型にはまった教育をさせてきた。それはイコール、スポーツでもそう。指導者が軍隊方式で押さえつけてやってきたんだと思います。

組織の作り方、必要な人材

最初はある意味、独裁でいい。仮にステージ1としたら、その段階の人材は能力よりも人柄。従順な方がいいですよ。右へ向くように言ったら、ちゃんと右へ向く人。素直な子。ステージ1に必要な人材はちゃんと言うことを聞いてくれる人です。コーチングよりティーチングの段階は、教えを従順に守ってくれる子から始まらないとね。最初からハチャメチャなヤツを呼んだら、組織としてハチャメチャになるでしょう。

あとは、哲学に賛同してくれる人。また、既にこの時、指導者は何のためにこの部の存在があるのかという方針、そして10年後、20年後のビジョンをちゃんと持つべきです。賛同してくれるばかりでは発展がないから、みんなのベクトルを合わせること。そして、枠の中でしっかりやる。さらには、枠をどう広げるか……とステップアップをしていく。従順＝素直な人材の次は、やっぱり個性。特に、リーダーシップがとれる人間です。ガキ大将気質の子なんでしょうね。それが入って来ないと、やっぱりダメだね。

そのチームをどういうふうに作っていくか、が大事です。ただお金儲けだけをするんなら、個性豊かなヤツばかりを採ればいいのであって、嫌なら辞めさせればいいわけでしょ。契約で全部採用して来て、ダメなら「ハイ、さよなら」ってやればいい。そういうやり方もあるでしょう。でも、人間性を育てるんだというチームのリーダーの方針があるから、陸上であれば、ただタイムが速いだけではだめだという事になるんでしょうね。ただ、管理職について言えば、枠組みを広げようとした時にそれを容認する懐が深い人材が今、いなくなってきている。管理職の仕事は色んな部下の情報を引き出して、整理して、実行するタイミングを作る、そして、そこに責任を持つ。実行させなかったら、何も変わらんじゃないですか。何もアイディアを出させなかったら、何も出てこない。何も変えられないじゃないですか。前例がないからと言って何も変えようとしない上司は論外です。

何を作るんでも、基本的に一緒。素直さ、謙虚さという言葉の上にリーダーがある。あるいは、コミュニケーション能力とかがベースとしてあるわけでしょ。それって、会社でも組織でも何でも一緒なんだよねえ。元Jリーグ・チェアマンの川淵三郎さんが、サッカーでやったことを今度はバスケットボールでやろうとしていますが、出来るんだと思います。川淵さんには、問題点とか枠組みが見えるんだと思いますよ。単に、サッカーかバスケかという違いであって、巨大的に発展するのか、こぢんまりと発展するのかは競技人口とか魅力、そもそも潜在的に存在する世界のマーケットによって大中小があるだけで、今のレベルよりも上位に働きかけるような仕組み作りは、基本となるものを押さえていけば、ある程度成功するんだと思いますね。

48
部下とお友達になる上司は組織には必要ありません

指導者としての資質は「己を知る」ことも重要。自分のコンプレックスを根拠に相手へ接していないか、管理しすぎていないか。原監督は就任当初、大学時代に陸上で華々しい実績がなかったことから「自分を強く見せないと選手がついてこないのではないか」と虚勢を張ってしまった時期もあったと振り返る。

指導者本人に自信がないと、必要以上に相手を責めたり、細部まで管理しようとしてしまう。一方で、選手に媚びを売るようでは、相手にも伝わってしまう。コミュニケーションをとりやすいように垣根は取り払うが、行くべき道は指し示すのが指導者の役目。「目線の位置」の上げ下げは、自分ではなく相手に合わせることが重要だ。近年は「友達親子」「フレンドリーすぎる上司」のような関係性が肯定される向きもあるが、「言うべきことはきちんと言うべき」が原監督の考え。

49
リーダーの仕事は引き出すことであり引き出したものをどう実行に移すかをそのタイミングや選択を経験値で行うこと

中国電力から青学大の監督になるために上京する際、原監督は出向という形を模索したが、当時の上司から「ダメだったら広島に帰ろうと思ってるんだなと学生たちに見透かされるぞ」と指摘を受け、ハッとなった経験がある。

「大人側のメリットを優先したり、教科書的な言葉を並べても、すぐに真意を見抜かれます。ですから、正直かつ真っすぐに伝えることです。相手も、自分のことを思っての指摘と分かれば、たとえ厳しい内容でも受け止めてくれます」。かといって、学生におもねることもなく、その気持ちを知るには「学生に尋ねること」だという。

「相手が興味のあることをなんとなくキャッチして、それを振ってあげれば、興味があることだから自分でしゃべるじゃないですか。アイドルの話でも何でも、人は好きなことなら語りたい。相手目線になることが近づくきっかけ」

50

管理職といっても、大した能力があるわけではない。新しい知識という点では若い人にかなわない。管理職が持っているのは判断能力。だからこそ、管理者が上から蓋をしてしまったらそのチームは決して管理職以上の仕事は出来ない

「管理職といっても、大した能力があるわけではない」と断言してしまえるところが大胆だ。しかし、原監督がいうところの「能力の差はほとんどない。熱意の差である」という言葉を考えれば、そういうことなのだろう。トップが部下の意見を封じてしまえば、組織がその管理職の器以上の広がりを持つ可能性までも封じてしまうことになる。

「管理職の仕事っていうのは部下からのアイディアをどんどん引き出すことと、責任を持って実行していくのが仕事なのに、管理職が〝前例がない〟というくくりで止めちゃったら、その組織の発展はないよね」

指導者は決断すること、判断することも仕事であり、「前例がない」などという論法で可能性を潰すことは非常にばかばかしい。

51
雰囲気、風土など「目に見えない」ところを感じ取るのは管理職の仕事です。今すぐ芽が出ない者についても次の可能性を見てあげることが大切です

管理職の仕事は「気づくこと」「気づきを与えること」でもある。

原監督は走りのタイム以外でも選手の言葉、練習への姿勢からコンディション、心のバランスを推し量り、ヒントを与える。合宿所には原監督よりも観察眼が鋭い美穂夫人もおり、いわば〝ダブルスタンバイ〟で選手たちの「今」を観察し、サポートしている。

何も言わなくても気づいてくれる指導者に対し、部下は全幅の信頼を置くが、気づこうともせず放置する上司のことを信頼する部下はいない。

「今の青学大陸上競技部はだんだん成熟してきて、俺が口出すことがなくなってきた。今、あんまり細かいことガチャガチャ言わんよ。あとは目配りですね。道徳観を忘れないように伝えていくことです」

52

理由を説明しないということは部下の望みをかなえてやるために上司が戦っていないということだ

陸上だけでなく、会社でも「メンバーに選ばれなかった」「飛ばされた」「外された」などの現象が起こる。

その際、上司から異動の理由について説明を受けることはほとんどない。サラリーマンはグッとくちびるをかみしめて下野するのが世の常だ。

しかし、ここで上司が部下へ「その理由」を説明したとしたら――。異動の理由を挙げ、課題を指摘、今後について激励したとしたら――。これだけで、その部下がどれだけ救われるだろうか。そして、異動先でもモチベーションを持って踏ん張れるのではないだろうか。

原監督は箱根の選手選考で落選した選手には理由をきっちり説明した。説明しないということはある意味、管理職としての仕事を放棄しているのかもしれない。

53

自己ベストを出したら
しっかり評価してあげることも重要です。
もし、その子がやる気を失い
チームの一員として機能しなくなると
チームの足を引っ張るようなケースも出てきます

組織において絶対評価は危険をはらんでいる。

成績最下位の提案型営業マンに、毎日毎日「トップセールスを誇る提案型営業マンを見習え」「なんでそんな成績しか出せないのか」と言い続けたら、どうなるだろう。そのワーストセールスマンがある日、ちょっとした契約を取り付けることに成功し、上司に報告したら「なんだ、その程度の金額か」と言われたらどう感じるのだろう。よほどのドMなら「なにくそ」で花開く可能性もあるが、多くの場合は腐ってしまうのではないだろうか。

腐っていく過程では、うまくいかない自分のフィールドまで他人を引きずり下ろすことに情熱を傾けるようになっていく例もある。

54

出来ない理屈を考えさせるのではなく出来る理屈をどう植えつけさせるか

会社でも、家庭でも会ったことはあるだろう。出来ない理由をずっと口にする人に。物事を為す時に〝出来ない理屈〟を探し続けることは時間の無駄でしかない。

〝出来る理屈〟を理論立てて構築し、それを周囲に伝えることが出来る者が真のリーダーとなりうるのではないだろうか。原監督が「真のリーダー」として、歴代の中でも「伝説の主将」として挙げる人物が、監督就任直後の1期生にあたる第4代主将・檜山雄一郎だ。自由な部活動から強豪へと脱皮する前の部員をまとめ上げ、原監督は「親分肌の気質で同輩・後輩からの絶大なる信頼を持った学生でした」と振り返る。

さらに、サブリーダー（主務）が〝出来る理屈〟を周囲に浸透させ習慣化させることが出来れば、そのチームは鬼に金棒。組織として成熟へと移行する可能性が出てくることになる。

55
話せる雰囲気を作っていかないと組織は絶対にその管理職以上にはなりません

原監督は自分を超える組織作りのために、コミュニケーションを重視している。監督―選手間のコミュニケーションだけでなく、選手同士が学年を問わずに知識、経験を共有出来る環境を整備。目標達成ミーティングでは6人1組となり、毎月の目標達成度について話し合いを重ねる。

また、原監督が重視するのは主務、マネジャーの存在だ。

「僕に直接言えないことでも、学生主務やマネジャーになら相談出来るでしょう、もし、僕が12月に入って主務やマネジャーを叱り飛ばしていたら、確実に彼らのテンションは下がりますよ。そして、それは選手たちにも伝染していきます。だから、口やかましく指導するのは11月まで。12月に入ったら、出来るだけ彼らを乗せるようにする。彼らのテンションが上がれば、選手たちの士気も上がりますから。最高の状態で箱根を迎えさせてやりたいんです」

56

新しいチームを動かすということは大きく重い鉄球を動かすことと同じ。最初はビクとも動かない。でも、みんなで力を合わせて一度転がり始めたら強大なパワーで進む

青学大陸上競技部の特徴の中でも、他校との違いは「話し合いの多さ」だ。

例えば門限を破った選手が出たり、トラブルが起きたりした場合は、合宿所の食堂に全員が集合して1時間以上にわたって話し合いをすることも。それは解決するまで行われる。

また、毎年箱根駅伝後には、話し合った上で1年間のキーワードを決定。その時も「このキーワードが気に入らない者は、必ずこの場で意見するように」と明言し、全員が同じ方向を向くように意識づけを行う。

「やっぱり覚悟なんですよ。覚悟と最初の約束事。なんのためにこれをやるのか、ということが大事」

57 やってくれるだろうは、〝だろう〟で終わる

原監督は、箱根駅伝で意表を突いた選手起用を行う場合がある。

それは「過去の実績」に頼るだけでなく、「選手の今」を重要視しているからだろう。

箱根駅伝における全体の選手起用を振り返った時、過去の実績からメンバーに選ばれる選手もおり、その経験が実際にレースへ生きることもあるが、過去を重視したばかりに、チームとして結果を出せずに終わることもままある。

「箱根駅伝のようなレベルの高い大会では、過去の実績だけで選ばれた選手は通用しないんです」

他校の読みとは異なる選手起用で成功している原監督の卓越した手腕は、「選手の今」を見極めることに徹しているからだと言えよう。

58 「生活力」「チーム力」「組織力」

原監督は就任当初、3つの要素を基にチーム強化を開始した。

それは規則正しい生活をする「生活力」、個人競技とはいえ駅伝という種目の特性を考慮した「チーム力」、そして個々の力が集結する「組織力」。

究極的には、組織が指揮官とは別の〝生き物〟となって、誰がトップに立っても独立独歩で進んでいけることが理想だが、就任から3年間は「生活力」を根付かせることに苦労したという。

4年目には予選会次点となり、5年目には33年ぶりに箱根本選出場。当時について、原監督は「選手のことを信用できず。疑心暗鬼になっていました。そうなっては選手も私に心を開かないし。早急に結果を求めてしまった」と、どん底の時代を振り返っている。

59
陸上競技部を強くするために私がキーワードにしたのは「規則正しい生活」でした。

陸上は他スポーツのようにボールも用具も使わず、身ひとつで走る競技である。まさに自分の体が資本であり、コンディション作りが成績を大きく左右する。だからこそ原監督は強く思っているのだ。「規則正しい生活を抜きには、強くなれないのです」と。

就任後3年間は、選手たちの生活改善に時間を費やしたが、2009年箱根出場後の時期になると門限破りをする選手はいなかったという。

原監督が目指したのは「誰が監督になっても、結果を出し続けられる組織作り」。そのためには、指導の核となるところで監督自身が間違ったり、ブレたりしてはならない。反対意見があろうと、批判されようとも、続けることがチームカラー、組織のカラーになっていく。

60 グラウンドではピシッと、寮では楽しく

「ワクワク大作戦」や「ハッピー大作戦」というネーミングにだまされてはいけない。確かに、原監督はユニークなキャッチフレーズを掲げ、選手たちも気の利いたコメントを笑顔で残す。

青学大はストイックが美とされてきた駅伝界では異色の存在だ。

しかし、その笑顔、スローガンは練習で修羅場をくぐったからこそなせる業だということを忘れてはいけない。白鳥が水面下で必死に水をかくように、日々の努力があるからこそ、連覇という偉業を成し遂げている。一方で、合宿所で〝お通夜〟のように過ごしていては、帰りたくなくなり、寄り付かなくなる。

メリとハリ。オンオフの切り替えなのだ。

61
茶髪やピアスを個性だと主張する者がいるが、和を乱すだけ。身だしなみや生活習慣の整わない学生は走る前から必要ない

近年、髪型やアクセサリーを個性ととらえることを否定しない風潮となっており、その風潮はスポーツ界においても例外ではない。

サッカー界しかり、野球界しかり。

茶髪やピアスの選手は、もはやカッコよいという意見すらある。

しかし、原監督はそこに一線を引く。

〝アオガク〟なら許されそう、といった先入観もあるが、それは大きな間違いである。

規則正しい生活を第一に挙げる原監督にとって、人間力を向上させるために茶髪もピアスも必要ないのだ。

そこを理解出来ない選手は、走る以前の問題であり、必要とすらしないという、凛とした姿勢を貫いている。

62
まだ、芽が吹いただけ。これからもっと成長させたい

栄光を重ね、組織として、既に完成形かと思いきや、原監督は「まだ、芽が吹いただけ」と語り、さらなる高みを目指している。

優勝して「喜びに浸る」ものの、決して満足することはなく、常日頃から新しいトレーニングを貪欲に取り入れる。

愉快なキャッチフレーズを創作することで選手たちをリラックスさせ、時には謎かけもしている。

いつか自分の教え子たちが陸上の指導者として全国へ散り、そこで「原イズム」を伝え、教え子の教え子が自らを超える有能かつ個性あふれるニュータイプの選手、指導者たちが数多輩出されていく……。

もしかしたら原監督は、そんな状況を思い描いているのかもしれない。

63
歴史と伝統を重んじるということが原点。その上で改革すべきことは大胆に改革する

改革は大きなことから小さなことまで。原監督は、これまでどのスポーツでも当たり前のように行われてきた準備運動にも革新の目を向ける。準備運動の目的は「関節の可動域を広げること」。体幹トレーニング、肩甲骨のトレーニングを導入し、従来全国の運動部で行われていたような「イッチニー、サンシー」と声をそろえながらアキレス腱を伸ばしたりするような準備運動を刷新。その結果、故障者が減り、選手たちの腕の振りが格段に向上し、推進力が生まれたという。

一方で、この改革そのものが青学大の〝伝統〟として学生たちにしみ込んでいる。

「4年間の中で積みあがってくるものを上級生が下級生に常に教えるじゃないですか。それがいい循環となり、伝統になっていくんじゃないですか」

革新的に見えるものはいつしか常識となり、そして伝統として根付く。

64

タイムのいい選手を採れば強化への近道だと思ったことは大きな間違いでした

監督就任初年は箱根駅伝予選会で16位。２年目は13位へ順位を上げて31年ぶりの箱根出場へ期待が高まったが、次の３年目は試練が待ち受けていた。

原監督は、体ひとつで走る陸上競技には「規則正しい生活」が何よりも武器となるということを重視していたが、それまで自由に過ごしていた選手たちと衝突した。

陸上は個人競技でありながら、駅伝は一緒に走る時間が長いことからチーム力が重要であるにもかかわらず、自分のことを優先させる選手がいたことで、チームはほころびが出てしまい、２００６年箱根駅伝では予選会16位で惨敗した。

当時は実力ある選手も加入してきたばかりだったが、タイムの良さよりも「人間性を見ることが重要である」ことが身に染みた経験となった。

65
心のマナーがちゃんとある子。タイムが速くても、心がない子は獲得しない

青学大の「自由な校風」をたまに、はき違えて解釈している入部希望者がいるという。イケてる、オシャレなイメージから「遊べるんじゃないか」「わがままな生活が出来るのでは」と勘違いしている場合があるという。

しかし、原監督はそういう考えが見え隠れする選手は決してスカウティングしないと決めている。

自由であるためには、義務と権利をきちんと果たさなければならない。義務をおろそかにして権利ばかりを主張してくる学生と過去に衝突した苦い経験があるからだ。

周囲に悪影響を及ぼす可能性を回避するためにも、選手獲得の基準「心のマナー」を重視している。

66 強いチームを作るには人間性を重視しなければいけない

人には人の特色がある。そして組織にもそれぞれマッチするカラーがある。青学大には青学大のカラーに合う選手を採らなければならない。

原監督の指導方法は選手たちに答えを丸ごと提示したり、頭ごなしに命令したりするやり方ではなく、相手に理解力、想像力を求める。

「こうしろ」「ああしろ」よりも、ヒント、キーワードを示して学生たちに考えさせるスタイルだ。

そのため、自分自身で考えることが苦手な選手、トップダウン式の指示に慣れ切っている選手は青学大の陸上競技部に入っても、実力を発揮出来ない可能性も多々あるという。組織には組織に合った人間を選び、本人にも組織を選んでもらう必要があるのだ。

67
良い人材を育て良い組織を作れるのであれば強い選手を育て強いチームを作れるはず

一流選手が一流の芸術家と分かり合えるように、「良い人材を育てるシステム」はジャンルを飛び越えて共通である、というのが原監督の信念だ。

「組織作りをこうしたらもっと繁栄するのにな、っていうのは頭の中で描けますから。何についても、基本は一緒なんですよ。ティーチングの段階として、まずいろんな方向に出ているベクトルを同じ方向にそろえて、今度は自主性をもって動けるようにして、枠の中で動けるようにする。さらに今度はコーチングの段階に移って、その枠を広げていくことになる」

もし、陸上以外でと仮定したら、相撲部屋の選手育成をやってみたいという。ちょっと見てみたい気もするが、他スポーツにおいても原監督のような存在が出てくれば、2020年東京五輪開催でスポーツへの注目が高まる中、精神論が先走るスポーツ業界に一石を投じ、大きな改革を促すチャンスとなりうる。

68

個人に任せず、組織としての仕組み作りや土壌作りをしていけば個人に依存しない強い組織が出来ます

原監督が目指したチーム作りは、たとえ自分が監督でなくとも、個々人が自主的に考えて行動出来る組織だ。

「陸上競技部には毎年新人が入ってきます。そのたびに最初から指導のやり直しをしているのではないかと思われがちですが、そうではない。組織の変化を受けて成長した上級生が、新人を指導するので、毎年組織としてのレベルが上がっていく。組織と個人の成長をどう組み合わせるかが重要なのです」

エースを育てつつ、エースに頼らないという組織作りの方針も、これに通ずるものがある。

「カリスマ的な社員がいたら、業績は急激に上がるかもしれません。しかし、その人が辞めたら下がってしまった、というのではだめなんですね」

69
環境になじめないと力は発揮できません。走力は二の次です

原監督のスカウティング基準は独自路線だ。決め手はタイムではなく、高校時代に全国的に有名になった選手でもなく、「自分の言葉で自分の良さを表現出来るかどうか」というコミュニケーション能力を見ている。

「ワクワク大作戦」に代表されるように、青学大陸上競技部は手取り足取り、生活から走りの技術、トレーニングの仕方までをきめ細かく指導する段階は既に超え、与えられたヒントを選手自身がいかに消化し、いかに実践するかという成熟期に入っている。いわゆる「指示待ちタイプ」にはミスマッチの環境となってしまう。

また、青学大の自由な校風を「華やかで遊べるのでは」ととらえる選手も、自律と自立を求める監督の方針とは齟齬《そご》が出る。双方が不幸になることを避けるために、ミスマッチは避けるべきだという。

70　エースを育てよ、エースに頼るな

原監督が考えるエース像とは「他選手の力を引き出す存在」だ。

高い能力を持ったエース的人材は大事だが、自分だけが前へ出ようとするタイプは「エース」であっても、「エース的人材」とは言えない。

その選手が故障、ケガで不在となった場合に、チームが総崩れとなるようでは、強い組織として成立していないからだ。

エース的人材＝優秀な人材とするなら、社会における優秀な人材とは自分の任務をきっちり果たしつつ、周囲への影響を考慮し、仲間うちでの役割もこなす人間。それが、原監督が「陸上を通して社会に通用する人材を育てる」と意図するところの「自立した人間」でもある。そのような人材がいることにより、周りにライバル意識を持たせ、チームとして高め合っていくことが成熟した組織となりうる道だ。

71

人として模範になれないようなら それは1番ではない

「どれだけタイムが速くても、どれだけ順位を上げようとも、ただ走るのが速いだけの選手は要らない」

かつてタイムの速い選手を採れば、チームが強くなる近道だと考え、それが大きな間違いだと気づいた原監督はそう語る。

1番になれる素質がある選手とは、実力が高いこともさることながら、組織の中で自分の役割を見渡せることにある。そうすれば、周囲の信頼も得られ、組織となじみながら前へ進める人物となる。

原監督が考える「1番の選手」とはそういう選手である。

そして、真の1番の選手がいるからこそ、真の強いチームが生まれると信じている。

72 1年生だろうが、正しいと思ったことは言いなさい

大学の体育会運動部では、上下関係で〝4年神様、1年奴隷〟などといわれるが、その中にあって青学大陸上競技部は異色だ。

「話せる環境が大事」という方針により、発言は学年、立場、選手の実力とは無関係に自由に意見を言うことが許されている。

下級生が上級生に意見を述べることもあり、4年生を含めた合宿所の全員が輪番制でスピーチを行うこともある。

「4年生には〝いばるな〟と言っている。掃除など嫌なことは進んでやりなさいとも言っています。それがお兄ちゃんの役目」

原監督は広島・世羅高時代に、1年生が風呂で先輩の頭を流すという役割に驚いたという経験から、無用な上下関係は排除している。

73 食事中は、ドンドン会話しろ！

合宿所は「家」であるべし。

原監督は美穂夫人とともに合宿所に住み込み、選手が帰ってきたらホッとするようなアットホームな環境作りを心掛けているという。

例えば、朝食時には差し入れのお菓子がテーブルに並んだり、毎月1回席替えが行われたりなど、食事中も選手間でコミュニケーションを深めるようになっている。

合宿所の食事は体育会専門の業者が入っているが、練習内容が追い込みだった日には、美穂夫人が台所で1品プラス。大家族のような居心地の良さが合宿所のウリだ。

「ホッと出来る場所じゃないと、他で遊ぶようになる」。合宿所の居心地が良ければ、規則正しい生活が自然と身につくようになる。

74

最近の風潮として、グレーゾーンがなくなって
AかBかの二択を迫られることが多いのですが
本来グレーゾーンがないと
世の中はうまくいかないのではないかと思います

今はネット社会となり、あらゆる話題が世界中で議論されている。

是か非か、白か黒か。

舌鋒鋭い原監督の陸上界改革案も批判にさらされることもあるが、これまで〝神〟に対してものを言ってはいけないという暗黙の了解があっただけで、最初から異端児である原監督はむしろ「もの申すことが使命」と感じている。

「本当はAの中にもいろんな意見があるはずなのに、AかBかを選ばなければいけない。Bを選んだらもう出世が望めないとなると、みんなが上司に迎合するようになりますが、こういう企業は発展しません。みんなで自由に議論して、戦って、決まったら〝ノーサイド〟で一致協力をするということが大切なのではないでしょうか。陸上でも仕事でも、もっと議論をすべきです」

75

目標があって　それに向かってどう展開するかを　考える工程は営業も陸上も一緒です

高度経済成長期の日本では、営業も陸上も〝モーレツ〟が美徳とされていた。原監督も昭和の教育、上下関係を経験した世代であり「そこそこの結果を出そうと思うのなら、首根っこをつかむような高圧的な指導のほうが効果は早い」ということは身をもって知っている。

しかし、上意下達の命令型組織においては、そのトップが辞めたとたん、屈強と思われていた組織はあっけなく崩壊するケースが多々ある。

一方、選手自身が考えて実践出来る組織は、柔軟にして頑健であり、勝つためのシステムとして出来上がっている。

「すべて一緒ですよ。扱う品目が違うだけで、ひとつの目標に向かってどう展開するかを考える工程は一緒です」

76 後ろを歩いた選手が、どれだけ悔しさを感じられるか。それが個人の成長につながり、チームの力になる

2015年箱根駅伝で優勝を飾り、チームは練習拠点である相模原市内でパレードを行った。約2・5万人が沿道を埋め、大いに盛り上がった。

神野大地主将がオープンカーに乗り、その後ろに優勝メンバー、そしてメンバー外の選手たちは車の後ろを歩いた。

「(箱根駅伝出場は)在学中の4回しかチャンスがないのです。その子たちが頑張る姿を肌で感じているから、走ったメンバーも気が抜けません。後ろを歩いた選手が、どれだけ悔しさを感じられるか。それが個人の成長につながり、そしてチームの力になる」

その悔しさを味わった選手の中から2017年は、3連覇を担う選手が誕生するかもしれない。

77 スポットライトを浴びるスター選手が無理なら いぶし銀の走りを目指そう

青山学院大学陸上競技部合宿所における朝食時の風景。

そこでは輪番制で、自分の意気込みなどをテーマにスピーチをする「朝の一言スピーチ」が、恒例となっている。「例え話や言葉遊びを通じて、選手たちに会話力や表現力を身に付けてもらいたいからです」と原監督はその意図を語る。

ある日こんなスピーチがあった。

「カレーライスがダメなら福神漬けになろう」

スポットライトを浴びる選手になるには実力的に無理だとしても、福神漬けのような脇役でいい仕事をする存在になろうという思いを込めたスピーチだ。

タイムが速い選手、遅い選手、それぞれに役割があるという考え方。原監督の組織作りが深く選手に浸透していることをうかがい知ることが出来る。

第3章

正しい目標

～本質を見極めろ

正しい目標の立て方

まず、選手には自分の目標を自分で立てさせます。達成出来たら、やっぱり喜ぶんですよ。妄想で達成出来なかったら、前回より記録が上がったとしても、あまりに開きがあったら喜ばないんですよ。自分が立てた目標に対してクリアしたら喜ぶわけです。

監督に就任した時、意気に感じてくれた学生たちがいました。当時の選手には、「君たちの4年間の中で優勝させること、夢を叶えさせることは約束できない。ただ、このチームは10年後には必ず優勝させるから、その礎を一緒に作ってくれないか」とやったんです。「出場させる！」というようなことではない。出来ないことを言ってもしょうがないじゃないですか。でも、特に1期生の子は、そこを意気に感じて一緒に戦ってくれたんですよ。

「礎になってくれ」ですからね。実際「クソーッ」と思って頑張るヤツもおっただろうし、変なプレッシャーを感じてもらっても困ると思った。そもそも、最初に入ってくれたメンツは青学が箸にも棒にもかからない時代のチームに来たわけだから、いきなり「出ようぜ」と言ったところでキョトンとする。「優勝しようぜ」って言ったら、ウソになる。結果、フォローで「出られるようになるよ」とは言ったと思うけれど、基本的な考えは「一緒にこの部を立て直してくれ」「一緒にルール作りをしてくれ」でしたね。ロマンと妄想は、紙一重だと思いますよ。正直ね。違いは「そう言ってるけど、こいつならやりそうだね」と自分自身も思えて、相手にも思わせられるかどうか。「すげえこと言ってるな。だけど、ヤツはやるかもしれないな」という事でしょうね。

準備や目標、本質の掴みかた

私の立場であれば、学生からどういう質問を受けるかを想定しながら準備をしますね。自分なりのQ&A、しゃべる順番を考えています。ミーティングなど全体で話す時には、悪いことを先に、そして具体的に伝えるようにします。最後は未来志向で場を締める。順番を変えるだけで、ずいぶん場の雰囲気違うんですよね。

やっぱり「怒られた」って感覚で終わっちゃうと、学生たちは奮起しないんです。「アドバイスをいただいた」「やれば出来るんだ」という思いにさせるような締め方をする。「怒られた」じゃなしに「自分たちが悪かった」と思わせる言い方をする。

監督には監督の責任があるし、選手には選手の責任があるので、選手にも何をもって責任かということを具体的に知らしめて、それが出来なかったから今、怒られてるんだよと。

あなたは学生としての責任を全うしない、あなたたちが悪いんだよ、と。だけど、そういう時は「これこれしかじかやったら成長するんだよ、もっと頑張ろうね」という伝え方です。

うちのチームは〝半歩先の目標〟を積み重ねてきていますが、この〝半歩先〟が掴めない選手はやはりいる。目標と現実に、常にギャップがあるんですよ。要は、自分の立ち位置が分かってないいんです。理想の自分、一番いい時の自分を見て、今の状態を分かってない。やっているうちに、指導者側もだんだん分かってくるんです。ずーっと同じ人間が必ずズレるんですよ。そこは本人の性格的なものなんですかね。

「お前、毎回ズレるよね。変なプライド持ってないか？ お前が出来るところのちょっと先を求めてるんよ。いっつも目標タイムとかけ離れてるよ」

そういうふうに繰り返し話しますが、何年経っても同じことをやっている場合が多いし、結果的に成長していない。プライドが高く、自分の立ち位置が分かっていないんでしょうね。あとは、本質をいかに早く掴むか。学生の時ね、いーっつもグラウンドを長ーく走るヤツがいた。でも俺は、やるべきことはやるけど〝今日は気分が乗らん〟とパッと切り上げたりしていた。ただただ長く走る人に聞きたいのは「何で長い距離を走ってるんですか」。やるべきポイントを押さえていないんでしょうね。目標に到達するために、長い距離はこのタイミングで必要なんだという方程式みたいなのを分かってないんだろうな、と思います。自分が見えてない。勉強でも仕事でも、同じことが言えます。例えば「居間で勉強したほうがいいんだよ」「朝一番に勉強するといいんだよ」とか。うわべの情報だけを聞き取り、「目的」を理解せずに、やり方だけをマネする人が数多くいると思います。仕事面でも、報告書を書くことが目的となったり、営業訪問回数を増やすことだけを目的にしている多くの場面に遭遇してきました。私の口癖に「そもそも論」があります。常に「何のために」を考えながら、想像を膨らませながら行動するようにしています。私は陸上のノウハウも公開するし、他大学から聞かれたら全部メニューを見せますよ。ただ、それをマネするだけではダメなんです。「何でこれをやるか」「このタイミングで、この練習は何で必要なのか」という、「何で」という部分。そこを知らなきゃいけない。これもまた、本質ですよね。

今後のロマンは、わがチームが陸上界のジュニア世代が憧れる存在になることでしょうね。アマチュアスポーツ界といえば「青山学院大学陸上部」、という多くのアマチュア界の中のトップ集団であり続けたい。我々が発信するものだったり、体操だったりするものがスポーツ界のスタンダードになれれば。スポーツ界のみならず、一般の人からの愛されるようなチームになってほしい。

78

抽象的な目標設定ではいけません。実現がほぼ不可能な目標設定もいけません

原監督は目標を設定する意味として「成功体験」を植え付けることを目的にしている。無為に挫折を繰り返させたり、やたらと耐え抜くことだけが経験ではない。

選手個々のレベルに応じて、実現可能である身近な目標設定から始め、成功体験をどんどん積み重ねていく。

目標をクリアした達成感、喜びを味わうことで、まさに「味をしめる」のだ。

企業においては〝新入社員は入社から3年間は何があっても耐えるべし〟といった傾向がみられるが、若手社員に「成功体験を味わわせよう」と考える管理職が果たしてどれくらい存在しているだろうか。

原監督が投じた一石で陸上界に革命が起きようとしているように、企業においても若手の扱いを一考する時代が来ているのかもしれない。

79

明確な目標を掲げて きちんと道筋をつけることが出来れば どんな目標にも近づける

チームは箱根駅伝後、毎年ミーティングを繰り返して1年間の目標を決定する。33年ぶりに出場した2009年は、出場できたこと自体についての喜びはあったとはいえ、完走チームで最下位の22位に終わっていた。

2大会連続となった2010年は、何と8位入賞でシード権を獲得した。

それを受けての箱根後ミーティング。今度は「優勝」など高い目標を掲げるかと思いきや、決定した目標は「3位」だった。「いろんな声が出てきました。8位、優勝、柏原（竜二）がいるうちに東洋大に勝ちたい、という頼もしい意見も。そうなると、今度の大会である程度やれないと、いきなり優勝など狙えるものではない、ということになりました」。地に足の着いた年間目標に落ち着いた辺りは、原監督の日頃の意識徹底のたまものだろう。

80
目標と妄想は違います。目標は「半歩先」に置き、それを目指して練習する。その繰り返しです

すぐには実現不可能な壮大な目標。それは大きなビジョンとしては通用するが、青学大の「目標管理シート」では却下される。1ヵ月先の自分が乗り越えられる目標設定だからだ。

「もしも、5000mで自己記録を30秒も短縮するような目標を書いて来たら〝どうやったら、こんなこと達成出来るの？〟と質問しますよ。私が1ヵ月で10kg減量しますって書くのと一緒だもの」

途方もない目標は、ただの妄想。原監督は妄想ではなく、「今の自分」を客観的に観察し、実力を知り、自分が乗り越えるべきハードルを設定する能力を求めている。目標を達成する喜びを知れば、それが陸上でなくとも、会社でも受験勉強でも応用出来る。

「目標をクリアしたらほめて、また半歩先を見る。その繰り返しで目標を達成する喜びを覚えれば、気が付くと東大に行けるレベルに到達しているかもしれない」

81
単なる妄想ではなく達成可能な小さな目標を立てて成功体験を積み上げていくこと

原監督が言うところの「半歩先の目標」は達成可能な目標に挑戦させるためであり、選手たちのモチベーションが上げるためでもある。

向上心を常に持ち続けるには、エネルギーは必要だ。つまり「達成してテンションが高まり、また次に向けて頑張れるのです」。そう原監督は説明している。

ここで最も大切なことは「半歩先の目標」を設定するためには、本人が自分自身の実力、立ち位置を理解することだという。

「立ち位置が定まらないと、次の目標を描くことはできません。立ち位置を本人がきちんと把握しているからこそ、さらに半歩、半歩と歩みを進めて、振り返ってみるといつの間にか成長している、そして各自が喜びを感じられるわけです」

82

今の力よりも上を目指さなければ先へ進むための糧を得られない

原監督が指導し続ける「半歩先の目標設定」は、常に向上心を持続させるための手段でもある。重要なのは「その時々のチーム事情や戦力に合わせて目標を設定しながら」進むこと。「成功体験」を重ねることは本人の喜びとなるが、組織側からの視点では、向上心を常に持っている人材を増やすことが、新たなエネルギーを生み、それが一体となった時に爆発力を生む。

「最終目標があるわけですよ。半歩先と言いながら、妄想も最初描いてますから。僕が最初就任した時の妄想は〝10年強で箱根駅伝優勝〟。それに向かって出場、シードだったり、5番、3番だったり。〝まずは出場しよう〟ということから勝ち取っていったわけですよね」

優勝、そして連覇。原監督が陸上界の変革、オリンピックの選手育成について意見を述べるのは、学生たちへさらなる目標設定を促すためでもある。

83
陸上競技はすべて結果で評価される。目標を明確にして具体的に努力することが大切

箱根駅伝の優勝監督とあって、原監督の認知度は子供たちにも非常に高い。学校での講演会では子供たちがこぞって質問。職業人を招いての講座に招かれた際は、「陸上競技はすべて結果で評価される。目標を明確にして具体的に努力することが大切」と講義した。

一方通行の講演ではなく、子供たちからも「自分の調子を上げるにはどうすればいいか」「雨の日のトレーニングはどうすればいいか」など具体的な質問が続々。講演、そしてメディアの登場で連日忙しく飛び回ることに批判もあるが、全国の子供たちに「自分も陸上選手になりたい」「陸上選手にはなれなかったけれど、あの時、あの監督から聞いた言葉が今でも頭に残っている」という子供たちがひとりでも増えたら、それは陸上界、そして日本の宝になる。

84

リーダーは夢のある話をしなくてはいけない。いつの時代も男はロマンや夢のある話が大好きなんです

毎月の「目標管理シート」では具体的なプランを立てさせるが、すべては壮大な目標に到達するための手段だ。リーダーはその壮大な目標を繰り返し、相手に刷り込んでいく必要がある。

「私は〝箱根の伝説を作ろう〟、〝俺に夢についてきてくれてありがとう〟と何度も語りました。部員は冗談半分に聞いているかもしれませんが、いつの時代も男はロマンや夢のある話が大好きなんです」

また、新入部員には細かく指示を与えると、指示待ち族になってしまう危険性があるため、大きな目標を提示して、進むべき方向を指し示してやるという。

「最初に〝うそ偽りなく頑張ろうね〟と伝えます。自作の家訓のようなものですよ」。時間が過ぎ、選手がいつかちょっと手を抜きたいタイミングが訪れた時、この「うそ偽りなく」の重みが胸をチクリと刺す。

85
監督の指導理念や目的などは畳み掛けて伝えていくことが大切です

「ワクワク大作戦」「ハッピー大作戦」「コカ・コーラ大作戦」……。ライバルの東洋大が「その1秒を削り出せ」というストイックなスローガンを掲げる中、原監督が考案したテーマはいつもユーモアを含んでおり、かつ昭和の香りが少々漂っている。

これは決してふざけているわけではなく、短い言葉に込められた「思想」を伝える手段でもある。

「ワクワク大作戦」というキーワードを聞けば、大半の人は大なり小なり笑顔になってしまう。相手をリラックスさせる効果もありつつ、「ワクワクするような試合をしよう」という思想が込められており、「そのためには何をすればいいのか」を考えさせる手法にもなりうる。インパクトの強い言葉を繰り返し伝えることで、相手に刷り込み、常に意識させることが出来るのだ。

86

白紙のキャンバスに描いていくのが好きです

中国電力では陸上競技部で全日本実業団駅伝に出場したが、入社5年で現役を引退した。その後はサラリーマンとして営業所、そしてサービスセンターへ異動を命じられ、その悔しさから一念発起して提案営業を開始。1台100万円以上する空調システムを売りまくり、社内トップの成績を上げた。その実績が認められて本社に復帰すると、新会社の設立メンバーに抜擢され、わずか5人で始めた事業を100人規模まで急成長させた。その当時、やり手の新社長から「目標設定の立て方」の重要性を学んだという。

目標を設定し、達成するために必要な数字、やるべきことを紙に書き出して頭に刷り込ませる。青学大の監督就任後もこの手法は生かされ、「月間目標管理シート」の提出を義務付け、自分の達成度、反省点などを自ら書かせた。実現可能な目標を明確にすることにより、選手たちは意識を変え、行動を変え、習慣が変わって結果を生んだ。

87

まず思うこと、想像すること、そこから始まると思う。ただ漠然とボーッと生きているだけではことは前に進まないと思います。「自分自身がこうなりたいんだ」という思いをまずは自分自身の中で思うことです

夢をかなえるには、まず「思うこと」が出発点となる。心が変われば行動が変わる、行動が変われば習慣が変わる、習慣が変われば人格が変わる、人格が変われば運命が変わる。大きな夢をかなえるためには、何よりもスタート地点に立たなければならない。

原監督は「陸上選手には規則正しい生活が一番必要」と就任当初から選手に指導を続け、それを習慣づけてきた。「自分自身がこうなりたい」＝「運命」から、逆算していけば原監督の指導にたどり着く。

「誰しもが目標に向かって、ある程度ルール、仕組み作りをしていったら、普通は出来ますよ。出来ないほうがおかしいと思う。1番、2番になるかは別ですよ。でも、今のポジショニングよりも上には行けるでしょう」

88

選手が目標に辿り着けない阻害要因がある時は なぜそれが起きるのか、いつ乗り越えられるのかを伝えます。 それが管理職の役割です

己を知り、現実を知り、それを踏まえて立てた目標でも、実際には達成出来ないこともある。

原監督は、その選手に「どうして達成出来なかったのか」をたずねる。ここで旧態依然の様式美としては「どうしてか」という問いに対して「すみません」だけで会話が終了してしまいがちだが、原監督の質問は本当に「どうしてか」を問うている。

「プライドが高いのと自分の立ち位置が分かってないんだろうね。ずっと同じ人間が目標とズレるんですよ」

その理由を自己分析し、言葉でしっかり伝えられる力を「表現力」と呼び、自分の現実、相手の気持ちを察知する力を「感性」と呼ぶ。指揮官は本人へ「いつもベストタイムで走ることが目標ではない」ことも伝えた上で、目標の立て方を修正させて「半歩先」に選手が進めるように〝目配り〟するのだ。

89

計画を立て、そこを目指すことはスポーツもビジネスも同じ。高い目標を立て、それを実行することが大事

合宿所の壁には、選手自身が書いた「目標管理シート」が何重にも貼られている。原監督がビジネスマンとして学んだノウハウをそのまま陸上界に導入したものだ。「何のためにどんな練習をするのか」

やはり、ここでも「なぜ」を徹底的に刷り込むことが重要だ。アトランダムに6人グループを作り、互いに情報交換、共有をしながら毎月の目標について忌憚なく話し合う。このグループが、学年も立場もシャッフルされているところがミソである。

レギュラーだけで集まったり、各優勢だけで固まったりすると、情報が遮断されるうえに、コミュニケーションの溝も深まる。相互理解が進むことで、チーム、そして組織に一体感が生まれるのだ。

90

最初に「どうすれば最大限の成果を出すことが出来るか」を常に意識し「こうあるべき」という方針を決めて戦略を練って積み上げていく

就任当時、大きな目標＝ビジョンとして「3〜5年で箱根本選出場。5〜9年でシード権、10年で優勝争い」を掲げ、その大前提を達成するためにはどうしたらいいかを踏まえて「小さな目標＝半歩先の目標」を設定してきた。

いわゆる原監督流の逆算の発想であり、毎月の目標はあくまで「半歩先」になるが、これをコツコツこなしていくことで、1ヵ月前よりも確実に進化している自分を実感出来るというものである。

「今の立ち位置というものは必ずあるわけで、逆算して出来ないほうがおかしいと思う。僕は大概、今までやった職業で成功してきましたよ。なんで出来ないのかなと逆に言いたい。スポーツだろうと、ビジネスだろうと一緒。スポーツだって、野球だろうが相撲だろうが専門競技が違うだけで、みんな一緒。元の捉え方は全部一緒なんです」

91
10年で優勝争いします……半歩半歩と積み上げたことが実を結んだ

原監督は就任当初「3～5年で箱根本選出場」を前提に大学側へプレゼンし、さらには10年目での優勝を目標としていた。

実際は多少のズレはあったものの、ほぼ長期的展望の通りにチームは進化してきたと言えるだろう。

その鍵となったのが監督が常日頃から語る「半歩先の目標」である。

歩みは遅いが、ローマは1日にしてならず。大きな夢を抱きながら、小さなことからコツコツと。

当初は理解されなかった原監督の意図は現在、上級生から下級生に伝授されながら青山学院大学陸上競技部の「新しい伝統」となって深く深く根付こうとしている。

92

大事なのは自分で目標を決め自分の言葉で具体的に書き込ませること。これが選手の「自立」につながるのです

青学大陸上競技部名物の「目標管理シート」。

選手たちは、自分の目標を立て、自分の目標を紙に書き、そのためには自分は果たして何をすればいいかというところまで考え、そして突き詰めていく。

原監督は選手たちに「なぜ」「どうして」を常に投げかけてきた。学生たちにプロジェクト進行を書かせたり、合宿の目的を書かせたり。日頃の訓練で「理由」「根拠」「ゴール」の重要性を知らしめ、選手たち自身に4年間かけて自ら常に考える習慣を根付かせてきた。青学大陸上競技部の選手たちは18歳で原監督と出会い、「なぜ」を自分に問う習慣を手に入れた。

これがもし、幼少時からこのような思考の訓練を積むことができたら、と考えると、中学、高校の指導者にも一考を促したいところだ。

93
自分を表現するのが上手な選手は目標を設定するのもうまい

青学大陸上競技部では毎朝、選手たちの「朝の一言スピーチ」、時には合宿中に3分間の「自慢話タイム」を実施している。

話の内容は陸上に限らず、日常生活、お笑い、家族、彼女の話、何でもござれ。これは原監督のこんな考えから始まった慣例だ。

「人にメッセージを伝えようと思えば、起承転結を作って説得出来るように考えなければなりません。それを陸上に置き換えると、〝どうすれば強くなるか〟〝どうすれば故障がなくなるか〟を考える力になるんです」

例えば、「1ヵ月で体重を10kg落とす」では、現実味が非常に薄い。自己表現が上手な選手は目標設定がうまく、伸びる選手も目標設定がうまい。半歩先の目標を立てて、練習を実のあるものにしていく力がある。

94

自分を観察して到達可能な目標を考えさせる。それが強くなる近道です

己を知る。

スポーツにおいても、ビジネスにおいても、それが成功への近道となる。

原監督は選手の自主性を引き出すために、新チーム発足時には選手間で話し合いをさせてその年のテーマを決定させる。毎月「目標管理シート」を選手が書き、学年、立場をシャッフルした6人1組のグループでそのシートを基にミーティング。

さらに、共通認識としてのテーマは紙に書いて合宿所の壁に貼るなど、「目標」と「目的」を刷り込み、常に頭にある環境を作り出している。1ヵ月先の自分が達成出来る目標は何なのかを自ら考え、「半歩先の目標」として提示。それをやり遂げ、さらに新しい「半歩」ずつ歩いていくことが強くなることへの最短距離だ。

95

自分で自分をコーチする

合宿所の階段横には、各選手が提出したA4サイズ用紙1枚の「目標管理シート」が貼られている。内容はチームとしての「年間目標」、個人の「月間目標」と実現するための「具体案」が書かれている。目標設定からシートの書き込みもすべて自分で行うため、自分が設定した目標に対して責任を負うようになる。

「つまり〝自分で自分をコーチする〟ようになるんです。走ることは自分との戦いです。現状を知り、自主性を育むためにも、自ら目標設定することが大事なのです。監督命令でやらされている感があると門限のギリギリになったり、門限を破ったりしてしまうが、自分自身が〝箱根で勝つ〟という目標を持ち、そのために必要なんだと思っていたら、そんな行動はしません。結果が出始めるとより自己管理しようという意識になり、いつも以上に早く帰って体を休めようという思考になる」

96

試合はすべて準備の結果です。しっかり準備した後は仮に負けてもそれが実力と認めよう

原監督が掲げる「規則正しい生活」も「目標管理シート」も、小グループ制のミーティングもすべては、試合の「準備」である。

準備の内容次第で、既に試合前から勝負が決まっているといっても過言ではないだろう。時の運もあるとはいえ、実は準備の段階で差がついている場合は陸上のみならず、プロ野球でも仕事でもあり得ることだ。

準備を正しく進めるには、現在の自分の立ち位置＝己を知り、かつ練習メニューの意味＝本質を掴んだ上で、実践していく必要がある。

もし、準備をきちんと済ませたならば、たとえ試合で敗れたとしても悔いはないはずだ。なぜなら、すべき準備を重ねた上での負けならば、それがその選手の現段階での実力であることは明白。敗因が明白であるならば、次の対策も明白。さらなる実力を身につけるため、次なる準備を始めるだけだ。

97

私が考える負けの基準は努力しなかったら負け、これだけです

人事を尽くして天命を待つ。

天命を待つ段階となったら、あとはもう笑顔で明るく臨むしかない。しかし、その境地に至るまでには、出来うる限りの人事を尽くしたと言える準備をすることが条件となる。

個人として半歩先の目標設定をクリアしてきたのか、チームとして組織として甘さはなかったか。そこに後悔がなければ、たとえ試合で思うような結果が出なかったとしても、次なる試合がある。

そして次なる人生がある。

青学大陸上競技部の選手が明るい言動を見せるのは「笑顔が多いから強い」のではなく、「強いから笑顔が生まれる」が正解だ。

98 箱根を経験し、基本に立ち返る必要性を感じた

念願の箱根初出場を果たしても、原監督は歩みを止めなかった。

次なる目標は2年連続出場ではなく、「シード権獲得」だったのである。

そこで打った手は、強化方針の大幅変更。夏合宿までは25㎞以上クラスの長い距離をあえて走らせず、スピードアップ、そして脚力強化のため5000mなどのトラック種目を走るようメニューを設定した。

その理由について「長い距離を走る能力も大切だが、それ以前にトラックで鍛えられる脚力やフォームが不可欠。箱根を経験し、基本に立ち返る必要性を感じた」と説明した。

その効果は、直ぐに表れた。前年はギリギリの13位で出場権を獲得した箱根駅伝予選会を、この年は8位で通過。目標を設定し、そのためには何が必要か。逆算して〝今〟を考える原イズムは着々と進行している。

99 基本をきちんとこなすから心から笑うことが出来る

当たり前のことを当たり前にこなすことが大切だ。

原監督は「何でもいいんです。練習だと、箱根駅伝に間に合わすためにいかに準備をしていくかという流れがあるわけです。あるいは、今日一日のスケジュールに対しても準備が必要。それに対してほんの少しこだわっていけば、より中身の濃い準備になってくると思うんですよね」と語る。

「自分が立てた小さな目標を達成するたびに、喜びを感じながら半歩ずつ前へ進む。前回より記録が上がったとしても、あまりに開きがあったら喜ばないんですよ。自分が立てた目標に対してクリアしたら喜ぶわけです」

喜びの連続は準備の過程でもある。その準備の積み重ねを怠らず、可能な限りの努力をしてきた自信があれば、たとえ結果がついてこなかったとしても「なんとかなるさ」と笑顔でいられるようになる。

100

きっちり切り替えるためにも喜びに浸ることは大事。成功体験は脳に残り、次の意欲につながります

関東圏以外の大学を卒業した原監督にとって、箱根駅伝の反響の大きさは驚くべきものだった。2010年8位入賞を果たした後のことだ。

「都道府県男子駅伝で広島へ遠征した際、中学生ぐらいの男の子が私のところに来て、サインをしてくれと言うんです。監督の私にですよ。練習していても〝おめでとうございます〟と声を掛けてくださる方も多くなりました。最初の頃は〝邪魔だからどけ〟などと言われていたのですが」

選手たちは女子学生からせがまれて一緒に写真を撮ったり、学内でも注目度が一気にアップ。学生としてはやや浮ついた気持ちになりがちだが「喜びに浸ることは大事」だと言う。浸った上で喜び終わると、次なる目標へ向かうモチベーションが沸いてくるからだ。

101

チームの目標に近づけることは重要だが個人の成長を指導者がしっかりと評価してあげないと組織が沈没する

原監督への講演オファーは全国各地から年間50本以上もあるという。企業系の依頼が多い中、教育現場での指導者養成を目的とした講演にも招へいされる。原監督の指導法、組織作りメソッドは陸上などのスポーツ界だけではなく、企業、そして教育現場のクラス運営にも着目されているのだ。

小中学校の教員を前に、自身の指導法を伝授。目標タイムになかなか達することが出来ない選手について「チームの目標に近づけることは重要だが、個人の成長を指導者がしっかりと評価してあげないと、組織が沈没する」と相対評価の重要性、選手のやる気を失わせないことの重要性を説いた。

もしも小学校、いや中学校の時に「原監督メソッド」と同じような考えを持った指導者に会っていたら……。過去の〝たら・れば〟には遡ることは出来ないが、未来の若者たちに伝えることは我々も出来るはずだ。

102

口うるさい指導はしないので選手たちは私の言葉が理解出来ないとチームでは伸びません

原監督は高校生をスカウトする際には、頭の回転の早さを推し測るために10項目ほどの質問をしてみるという。

身長、体重、血液型から始まり、5000m走の自己ベスト、好きな教科、嫌いな教科など。さらに最後には自慢話もしてもらう。

平凡な質問に対し、どんな答えを返してくるのかによって、選手の「表現力」を見定めるためだ。

さらに、ミスマッチを生まないように「陸上競技部としてのビジョン」「原監督の覚悟」を伝え、その上で「相手の覚悟」を確認する。

何よりも、まずは覚悟、そして目標に向けて取り組む姿勢が大切と考える原監督ならではのスカウティング技術だ。

103

箱根は自分を表現出来るフィールドではあるがそれがすべてではない。人間力向上のためのツールにすぎない。陸上を通して魅力的な人間になることが目的です

陸上を通して社会に通用する人間を育成する。

それが原監督の信念だ。ゆえに監督は、世界を目指すと腹をくくった選手以外には基本的に就職を勧めている。人生は陸上を辞めてからのほうが長いことを身をもって知っているからこそ、である。

「見かけが少々チャラくても、自分で考え、アピール出来る人間に成長すれば、タイムも向上すると私は信じていますし、箱根駅伝はあくまで大学の課外活動の一環。4年間の育成で社会に出ても通用する人材にならなければいけないんです。コミュニケーション能力が大切。ちゃんと表現力豊かに相手と向き合って交渉事が出来る、言葉を正しく操れる。陸上競技を通して学生たちに学ばせていきたい」

104

1秒を大切に臨もう

２００９年箱根駅伝に33年ぶりに出場を果たし、原監督率いる青学大はさらに波に乗った。同年11月に行われる全日本大学駅伝（熱田神宮〜伊勢神宮、８区間１０６・８km）の関東地区予選が６月、東京・国立競技場で行われ、青学大も出場した。20校が参加して、各校８選手の１万mの合計タイムを競い、総合タイム４時間５分21秒12で総合６位に入り、初の予選突破を果たした。

レース前、原監督はミーティングで「1秒を大切に臨もう」と選手たちに言い渡した。予選突破はその〝宣言〟通り、７位で涙をのんだ帝京大に1秒03差で全日本大学駅伝の切符をつかんだ。

ここでも前年に箱根駅伝出場を決めた時と同様、原監督は選手たちに胴上げされ、陸上競技部の一体感を漂わせた。

105
核となるべき原点を見失わず貫かなくてはならない

反発を恐れず、必要だと信じる根拠があるならば、どこまでも貫こう。

原監督は「規則正しい生活が陸上選手の基盤となる」ことを貫き続けてきた。貫くためには物事の本質を見抜く力が必要となるが、原監督はその本質を見抜く目を選手指導とともに、自分自身に対しても向けていた。

実業団では5年で現役を引退し、以降は提案型営業マンとして生きてきたが、心のどこかで陸上への思いがくすぶっていた。

「結局、僕は陸上という競技が好きなんですよ」

屈折した感情を抱いていた〝過去〟について「好きだ」とはっきり明言出来るのもまた、人間力である。

「もっと陸上がメジャー化して、野球やサッカーのように選手たちが陸上で飯を食っていけるようにしていきたいんです」

106

批判を恐れず「出る杭」になります

自身を「業界の異端児」というだけあって、出る杭となることに躊躇《ちゅうちょ》はない。

2015年春、日本実業団陸上競技連合がマラソンで日本新記録を出した選手に報奨金1億円を出すことを発表した。

これについて原監督は物申す。

「素晴らしいことですが、私は個人を奨励する前にやることがあると思います。日本記録を狙える人間なんて陸上界全体の、ほんの数パーセント。それよりも陸上界が日々、注目を浴びる仕組みを作るべきです。日本で最高峰の大会である日本選手権のスタジアムを5万人の観客で埋めるためにはどうしたらいいか。それを先に考えるべきでしょう。子供たちにそこで見たアスリートに憧れを抱いてもらう。そして、競技人口を増やさないと。そのことを訴えるために、あえて人前に出ていますと言いたいですね」

第4章

勝利への哲学

自由と自主性の違い

壮大な夢は当然大切です。けれども、一方で目先の利益も追求していかないと、会社であれば潰れる。理想像ばかり掲げても、収益を上げないことには倒産するわけです。だから10年後の目指すポジショニングを作ると同時に、近い未来の実績も積み上げていかなければ信用されない。

そのために、組織は段階を追って「自主性」を持って「自立」する人材を育てていくことが必要だね。自主性と「自由」は、言葉は似ているけれど、意味はまるで違う。「自由」っていうのは、自分のワールドの中だけで自分の都合で動いている。ベクトルが違う方向で頑張るとか、方向性が違うところで好き勝手にするのが自由でしょうね。「自主」は方向性が正しい中で、枠の中で動いていくこと。さらに、枠を広げていこうとするのが「自立」ですね。枠の中で泳いでるようでは、それはまだ自主性であって、自立ではない。組織、そして人材をさらにバージョンアップさせるには、枠そのものを広げていく必要があると思うんです。

自主性を持っての自立。学生の中では、やっぱり神野（大地＝2015年総合優勝の立役者のひとり。3代目山の神）が凄かった。自分に厳しく、陸上を中心とした生活をする。

坂登りの補強トレーニングをフィジカルトレーナーから教わったら、それをストイックにやっていくし。最後まで諦めなかったし。なんせ陸上中心に物事を考えてくれた。監督就任当初は、その1期生として入って、4年生になって主将を務めた檜山雄一郎（現・持田製薬勤務）。チームを作る礎の中でちゃんとリーダーシップを発揮してくれて、ベクトルが真逆の方に行っている連中の方向性を合わせる作業をしてくれた男です。当時の選手たちは、いろんな方向にベクトルがあったからね。当時はまだ自主性がなかった、自由なだけ。自由気ままな選手たちを、まずは同じ方向に向かわせなければいけなかったから、そこが一番大変でした。

自由気ままは、まったく真逆の方向で一生懸命やるわけだから、それでは組織人としては馴染めません。

己を知ることの大切さ

私が「己を知った」のは、やっぱりサラリーマン時代でしょうね。サラリーマン生活になった5年目以降、中国電力でエコ・アイス（氷蓄熱式空調エアコン）の提案型営業を行なった頃かな。ひと通り電力会社のいろはの基礎を覚えて、ひとりで外に出るようになって、出会いの場も増えた頃からでしょう。

今振り返ったら、よくやってきたなと思う。昔の自分に言いたい「恥ずかしくねえか？」と。ナルシストだったし、自分が一番可愛いし、自分が一番だと思ってるしね。よう、そんなハチャメチャな営業してたなと思いますよ。何も知らないがゆえの若さたるものだった。図々しかったと思いますよ。飛び込み営業もどんどんやったし。先方のお客ともよくケンカしましたし。例えば、提案営業の前の段階で、電力会社の集金業務として未収料金のお客さんを回る仕事があった時。未納2ヵ月ぐらいで電気料金を止めなきゃいけないんだけど、鯉の養殖場でいつも支払いが遅れているところがあって、行くと向こうのおっさんが鯉を見せながら「これは売れたら20万、こっちは100万だ」とかやるわけです。

そんなことを言うから、私は、

「今どき、誰が鯉なんか買うっていうんですか。そんなもん、観賞用や。食用の鯉を作れ！食用の鯉を作った方がよっぽどもうかる！」

そう言ったら、向こうのオッサン、もう怒って怒ってね。

「なんだ、お前！」

「売れん鯉作るお前が悪い。売れる鯉作れ！　金払え！」

なんて、ようやったもんです。

無鉄砲な時代も必要だと思うんですよ。マニュアルに踊らされてペーパーの上だけで動く人間は、伸びしろがないと思いますよ。まずは、自分の感性で動くことが大切。それを許さない上司が今、結構多いし、世間もなかなか許してくれないんだけど、若さゆえってあるんですよ。若い時に無茶苦茶やるから比較が出来て、これがいいとか悪いとか分かるのであって。マニュアル通りにやっていたら、いいのか悪いのか分からんわけですよ。管理職になった時に、今頃の若い子を育成するにあたって、自分がハチャメチャなことを経験していなかったら、今の若い層をどうも理解出来ない。

私は今思えば、ホント恥ずかしいことばっかりやってました。受付のお姉ちゃんによう声掛けよったしねえ。受付のお姉さんと仲良くするのは、ただの下心じゃなくて、相手の会社を知るため。受付のお姉さんは知ってるんですよ。どの人がキーマンとか、社長に会いたい時は「今なら空いてるよ」とか、情報がつかめますから。

思うに、世羅高校で軍隊方式の理不尽な組織を経験したがために、その良さ、悪さを知っている。当時の先輩たちが我々世代よりもよっぽどハチャメチャなやんちゃ坊主どもがおって、能力が高かった。でも、成果を収められなかった。それを実体験として見たからこそ、今の部の運営には役立っている。比較対象物がなかったら、いい、悪いは分からない。何事も動いて体験する方が大切なんだと思いますよ。

107

今日の常識が明日の非常識になる

ふた昔前のトレーニングと言えば、ウサギ跳びは必須だった。

しかし、それはいつしか非常識となり、現在毎日のトレーニングにウサギ跳びを実施している体育会運動部はほとんどないだろう。

原監督が青学大の監督として陸上界に復帰した時、トレーニング方法は自分の現役当時とほとんど変わりがなかったことに驚かされたという。

ここ数十年で和式トイレが消え、畳で正座する機会も激減し、いわゆる「日本人体型」の若者は減った。そしてスラリとしたモデルばりの子供たちが増えている。そういった若者たちに旧態依然のトレーニングを施しても、脚の長さも違えば、基礎体力も異なる。

常識を疑え。常識は時代とともに移り変わるものだ。

108

固定概念にとらわれることなく常に新しい風を組織に注入していく。それを熱く語ること

テレビ番組に出演するたび、原監督は畑違いのその場所においても多くのことを学び取っている。番組でビートたけし氏に会った時は、周囲へのユーモア、機転、目配り気配りにおいて、長く活躍しているすごみを感じたという。また、「ジャパネットたかた」の高田明前社長には、テレビショッピングに出演した際に高田前社長が自ら番組作りをしていたことが印象的だったという。

「お二方に共通しているのは、漂わせている独特の緊張感が、ある意味現場を落ち着かせていること。そうして、スタッフと一枚岩となって番組を作っていた」と感じた。「目標達成のためには、みんながいいアイディアを出し合い、より活力と緊張感のある集団を作るべきだと実感しました」。意外な場所でも何かを学び取り、吸収していく。

原監督のすごみでもある。

109

今までやってきたことを漫然と続けるのではなく「もっといい視点があるんじゃないか」と探ることが大事

提案型営業マンを経て10年ぶりに陸上界に復帰した当初、驚いたことがある。それは、自分が現役当時と同じような練習メニュー、準備運動がそのまま行われていたことだ。

他競技ではパフォーマンスを最大限に発揮するために食事の摂取時間から始まり、その栄養素、さらにストレッチ、関節の可動域、動作解析……と体を形作るものへ科学的アプローチが進んでいるが、就任当時は〝以前見た景色〟と同じ練習光景が繰り広げられていた。

原監督は、準備体操が20年以上前と同じでは意味がないと考え、ためしに現在流行の「動的ストレッチ」「体幹トレーニング」を導入したところ、選手たちのフォームに効果が表れた。当たり前を疑うという視点がさらなる高みへつながっている。

110 自分でこじ開けて、組み立てていくことが好きです

２００４年青学大監督に就任すると、チームの再生は「規則正しい生活作り」から始まった。当時のチームは箱根出場を目指すどころではなく、朝練習の途中でコンビニで立ち読み、門限破り、急性アルコール中毒で病院送り……という、体育会運動部としては荒れた状況だったという。大学時代はコンパ、パチンコに明け暮れた時代もある原監督は「やるべきことを真剣にやることができなかった」という過去の自分をそこに見た。

「覚悟がないからですよ」。箱根に出場するためには何が必要なのか。目的意識、練習内容、必要なものは数あれど、その前に意識を改めるため、そして練習に万全で向かうための生活態度を改善することが重要。原監督はチーム作りの基盤をその点に特化し、事件が起こるたびに何度もミーティングを開いて「覚悟を植え付けさせた」という。その結果、チームは着実に成長するようになった。

111

問題への態度がすべてを決する

監督就任後3年間は、日々命令や指示を出す指導に徹していたという。

しかし、ある日「このままでは、自分の指示に従うのみで、選手たちが考えない、自立しない選手になってしまう」と危惧し、次なる手として、選手自身に考えさせる段階へ移行した。

そして、選手たちが自主的に動けるようになると、監督は徐々に気配を消しつつ、選手を観察するステージへと移る。

「指導者は選手の言葉を引き出すことが大事。質問を投げかけ、選手自身に考えさせることで、能力を引き出すことが出来る。新しい課題が出された場合は、その問題の解決策を考える前向きな態度が大事だ。問題への態度がすべてを決する」

112

問題をこなせる能力があるかどうかではなく取り組む姿勢が大切です

やはり、原監督が重視するのは「能力」よりも、「熱意ある姿勢」だ。〝陸上バカ〟からカリスマ提案型営業マンとなった原監督は、男の信念は岩をも通すことを知っている。近年は「問題解決能力が高い」などという言い方でもてはやされているが、「能力」ではなく「姿勢＝熱意」が物をいうのだという。

青学大のスカウティングでは「意欲のないヤツは採らない」と決めている。そもそも、姿勢がない人材は採用しないという考え方だ。

「見ていれば、なんとなく分かるでしょう。顔つきとか、あるいは試合会場、レースぶりとかでも分かりますよ。途中でレースを投げるヤツとかね。あるいはウォーミングアップとか、歩き方。ダラダラ歩きよるヤツとか、ダラダラ体操しとるヤツとか。言葉は面接したら大概分かるしねえ。言葉遣いとか、目が死んでる、表情がないとか。〝僕、こうしたいんだ〟というモノがないとダメだなあ」

113

自分の頭で考えなければ、成長しない

けがをした選手が「足を痛めました」とだけ言いに来るのは報告に過ぎない。「足が痛くて、今は限られた練習メニューしか出来ないけれど、コレなら出来る。また、復帰するまでにコレコレこういう方法を考えているし、やった方が自分のためになる」

ここまで言えるようになれば、それは報告ではなく、「相談」となる。

仕事で何かを調べたり、資料を作ったりするにしても、何か分からないことがあった場合に「ここまでは出来たけれども、この先が分からない。何か方法はありますか」と聞いてくる部下は見どころがあるだろう。

分からないまま、人に質問もしないまま、分からないことを明日に残す部下は成長しづらい。自分の頭で考えなければ、成長しないのだ。

114

限られた環境の中でも出来ることを探して取り組むことが大切です

現在の青学大陸上競技部の環境は、恵まれているといってもいいだろう。神奈川・相模原キャンパス内に専用のトラックがあり、クロカンコースが設置され、クラブハウスも整備されている。

さらにはアディダスと用具契約を結び、五輪マラソンランナーのシューズ作りの名人として名高い三村仁司氏が選手たちのシューズを担当している。大学の陸上競技部としてはハイレベルな練習環境を手に入れた。

しかし、就任当初は専用のグラウンドはなく、他大学や、大和、町田、相模原の各市営のグラウンドを利用して練習していたり、体育会ではなく同好会的な扱いを受けたり。その状態から、大学側へのプレゼンを挑み、交渉を重ねて、今日の陸上競技部の環境整備を訴え続けてきたことが、実を結んでいるのだ。

115

「スクラップ・アンド・ビルド」ですよ。いろんな伝説を作っては壊し、壊しては作る。そうしないと、新しい時代の扉は開かない

「スクラップ・アンド・ビルド」――2015年芥川賞を受賞した羽田圭介の作品名を出すあたりは、流行を押さえた例え話で相手の興味を引く、話術がなせる業だ。

「練習は自分を裏切らない」とはよく言われているが、原監督は練習とともに「言葉の力」を重要視する指導者でもある。

その言葉を駆使し、上意下達の指導方法を廃し、旧態依然のトレーニング方法から最新のトレーニングを導入。そして何よりも、陸上界では異例だったビジネスの手法を選手育成に取り入れた組織作り。

既に原監督は多くの伝説を作ってきたが、熟成した組織をいかに動かすかに心を配っている。

116
努力はセンスを超える

全国各地で講演活動も行う原監督は２０１３年、広島県三原市内の母校である中学で講演を行った。

強い信念を持つこと、約束を守ることなど7項目を伸びる選手の条件として提示した上で、子供たちには「スポーツ以外にも通じる。努力はセンスを超えると信じて頑張って」と激励した。

せっかくセンスがあっても、熱意の量が足りずに消えていく選手もいる。原監督から「みんなが君は力があると踏んでいるのに、もったいないよ。やらないのは君が損だよ」と声を掛けても、本人が努力と向き合えない場合もあったという。センスはやや劣ったとしても、それを補って余りある巨大な熱意の塊で努力を続けられる選手もいる。社会に出た時に、どちらが魅力的な人物だろう。それは言わずもがな、だ。

117 勝つタイミングが訪れるのは組織そのものが確立された時です

原監督は強い組織づくりの基盤として「生活力」「チーム力」「組織力」を挙げる。就任当初、まずは選手の「生活力」を向上させた。

寮の部屋にパチンコ台を持ち込む選手もいた中で、口をすっぱくして「規則正しい生活」の重要性を説いた。

選手個々人のレベルアップがやがて「チーム力」を生み、それはいつしか個人に頼らないシステムとなって浸透し「組織力」となっていく。

〝就任審査〟のプレゼンテーションでは「3〜5年で箱根本選出場、5〜9年でシード権争い、そして10年目に優勝」というプランを大学側に提示した。結果的には箱根出場が4年目、優勝は11年目となったものの、まさにこの「組織力」が生まれたことが優勝につながったという。

118

人間、窮したら基本に立ち返ること

困った時に、戻れる場所があるかどうかが大切だ。

選手には調子の波がある。スランプに陥った際に、〝戻れる〟基本練習、基本的思考を持っている選手は強いとされる。

2015年秋の全日本学生駅伝でライバルの東洋大に優勝をさらわれ、チームが一度落ちた時、原監督は「昨年のチームと比較していた。本来の加点方式に戻ろう」と自分の基本的思考へ立ち戻った。

その結果、箱根は連覇。

人は必ずしも完璧ではない。行いを間違えたり、自己を見失ったりすることのある生き物だ。

そうした時に「戻れる場所があるか」が重要なファクターとなる。

119

「次は優勝出来るかもしれない」という根拠のない自信をつけてしまった

着実に自力を伸ばしてきたチームが2012年箱根駅伝で青学大史上最高の5位に入った時、選手たちは自分たちの〝立ち位置〟が上がっていることを実感していた。

しかし、原監督は危機感を抱いたという。「次は優勝出来るかもしれない、という根拠のない自信をつけてしまった」。

根拠のない自信を持っても許されるのは幼児まで。血のにじむ努力に裏打ちされ笑顔だからこそ価値があったチームカラーの明るさに、指揮官は選手たちのおごりを感じ取っていた。管理職は形のないものをいかに気付けるか、も能力のひとつだ。

その予感は的中し、同年6月の全日本大学駅伝関東予選で14位と惨敗。温厚な原監督がエースを「お前は練習に対する姿勢が甘い」と叱責したという。

120

敗戦は決して無駄ではなかった。どんな練習、調整をすればいいか、確立された

２０１５年秋の全日本大学駅伝は優勝を逃し、「大学３冠」という目標を掲げていたチームは箱根を前にして、ネガティブなムードが漂うようになった、しかし、敗れたことで個々人のタイム目標、練習内容の見直し、互いの話し合いがより見直されるようになり、結果的に２０１６年の箱根駅伝では見事連覇を飾った。

「11月にチーム全体の調子があれほど悪かったのに12月に一気に上がった。どんな練習、調整をすればいいか、確立された。全日本の敗戦は決して無駄ではなかった。青学大は常に進化を続けています」

進化は細部にもわたる。青学大名物の「目標管理シート」は当初、細かい書式設定だったが、現在は学生たち主導で改良を重ね、非常にシンプルな様式に変化したという。「学生のレベルが上がったから、大枠で書けるようになったのかな」と原監督も手応えを感じている。

121

これほどまでの記録を出せると思っていませんでした。限界はない、ということを選手に教えてもらった。箱根駅伝が持つ力にも限界はない、と信じています

2015年箱根駅伝で初優勝を飾った時のコメント。

10時間49分27秒で史上16校目の優勝を飾り、10時間50分を切るタイムは2012年大会で東洋大がマークした10時間51分36秒を上回った。

新〝山の神〟神野大地の大活躍が話題となったが、翌2016年には大会連覇、そして39年ぶりの全区間首位という完全優勝を飾る。まさに監督の言葉通り「限界はない」ことを再び選手に教えてもらった形となった。

神野は高校時代、特に目立った選手ではなかったが、原監督が「ウサギのように飛び跳ねる走りをする選手」と見込んでスカウト。

「自分に厳しく、陸上を中心とした生活をするし、最後まで諦めなかったし。なんせ陸上中心に物事を考えてくれたね」

快挙を達成した選手たちを育てたのもまた、原監督の手腕だ。

122
今日のことは今日やろう。明日はまた明日でやるべきことがある

「為すべきこと」がある人間は、この結論にたどり着く。まだ「為すべきこと」を見つけられていない場合は〝明日は明日の風が吹く〟という論法に着地してしまいがちだ。方程式上はレギュラーよりもやや劣る実力だろうという選手でも、4年間コツコツ努力したことで最後の最後にレギュラーを勝ち取った例もある。後回しにすればするほど、自らチャンスを逃しているだけなのだ。

原監督が就任当初から掲げる三カ条は、

一、感動を人からもらうのではなく、感動を与えることの出来る人間になろう

一、今日のことは今日やろう。明日はまた明日やるべきことがある

一、人間の能力に大きな差はない。あるとすれば、それは熱意の差だ

社会に出てからも心に刻んでおきたい言葉だ。

123

すべては明るさから始まる

大学の陸上部監督がこれまで、「ワクワク大作戦」「ダメよダメよ作戦」などの「大作戦シリーズ」をスローガンとしたことがあっただろうか。

ましてやサラリーマン出身の監督が箱根の頂点に立ったことがあるだろうか。

「そもそも、私みたいな浮き沈みの激しい人生を送ってきた人間が、この業界にいること自体が珍しいですから」

監督の明るさにつられるように、青学大の選手たちは長距離選手ならではの〝悲壮感〟よりも、明るさが際立っている。

「自分の言葉で表現豊かに話す選手が増えると、自然とチーム内の空気が良くなる。それによってムードが明るくなり、つらい選手もチーム一丸となって頑張れる」

124
明るさや楽しさが表に出ていますが陰では血のにじむような努力をしています

青学大の選手たちは試合の目標を口にする時、「区間新を狙います」「エースの座は譲りません」など自由闊達に表現する。

校風ならではの〝アオガク〟らしい発言ともとれるが、その発言は決して「自由な生活をしているから自由に発言出来る」わけではない。

陸上競技部は合宿所で朝5時起床、5時半からは朝練習。その後朝食、ミーティングを経て各自授業へ。ひと昔の体育会といえば授業をサボっているようなイメージがあったが、青学大陸上競技部は文武両道もテーマであり、きっちり授業に出席する。午後からはグラウンドで練習。門限は22時。消灯は22時15分だ。

厳しい規律を自主的に守れる集団になったからこそ、自分に自信を持ち、ポジティブな感情が表に出ているのだ。

125

「青学はチャラい」。最高の褒め言葉です。見えないところでは泥臭く努力しても表舞台では華やかにしていたい

「チャラい」を褒め言葉として消化する。そして、ポジティブにとらえる。それが出来るのは、舞台の裏では汗をかき、涙を流し、人知れず努力を積み重ねているという自負があるからだ。

「〝ワクワクハッピー〟と言っているだけで勝てるほど、甘い世界じゃありません。華やかな舞台で活躍して、多くのみなさんに感動を与え、喜んでもらう。私たちも〝よく頑張ったね〟って賞賛の言葉をいただいて、それを力に変えようと思っています」

そして宝塚歌劇団を引き合いにこうも語る。

「想像ですが、宝塚も厳しいしつけは大前提にあると思うんですよね。表に出る舞台は華やかに舞う。陸上競技もそうで、裏ではきちっとした生活をし、本番のレースでは明るく振る舞おうじゃないか、というのが僕の発想です」

126

走るのは苦しい。せっかく走るなら楽しめるようにしよう

陸上競技は非常にシンプルなスポーツで、用具を使わずに自分の体ひとつで闘う。基本的に個人競技であるため、レース中は自分自身との闘いでもある。選手たちには「走るのは苦しい。せっかく走るなら楽しめるようにしよう。そのために、自分をしっかり管理出来るようにしなさい」と伝えている。自分で自分を管理、またコントロールすることは大人でも難しいが、原監督は自身の反省を踏まえ、〝陸上選手として自分のようになってほしくない〟という思いで選手を指導している。

「私自身、高校時代は指示待ち人間でしたから、そういう人間を育ててはいけないと思って」

歴代部員の中でも、自己管理、自主性の意識が最も高かった選手は2015年総合優勝の立役者となった神野大地、創成期の伝説の主将・檜山雄一郎だという。日頃のコツコツがあるからこそ、本番では楽しめる域まで達するのだ。

127
監督のパフォーマンスでもいいじゃないですか。私もやりたいしね、ガハハ

〝物言う指揮官〟として、陸上界に提言を続ける原監督は、箱根駅伝の新たなショーアップ案を挙げている。

「監督による手渡し給水制度がなくなりましたが、復活させてほしい。90回大会までは任意地点だったため、監督が乗車する運営管理車が駐停車禁止のエリアに止まるから警察に問題視されたわけです。だったら、任意地点ではなく駐車スペースがある地点を設定し、そこで監督が下車すれば問題ないでしょう。『男だろ！』のかけ声でおなじみの駒大・大八木（弘明）親分やイケメンで人気の東洋大・酒井（俊幸）君ら、せっかくタレントがいるのだから。駅伝ファンも楽しんでくれるでしょう」

さらに、10区間から12区間への増加案も出した。「出場出来る可能性が大きくなるので、力が劣る選手の励みになる」

128
私、原監督は、悔しさが出た時には本気度がアップします

２０１５年から２０１６年にかけては山あり谷ありだった。15年箱根駅伝は大会史上最速タイムで初優勝。この主要メンバーが最終学年を迎えるシーズンであり、選手たちは「大学3冠」を目標に掲げて新チームとして始動した。

初戦の出雲駅伝は順調に大会記録で優勝。次の目標は全日本大学駅伝だったが、ライバルの東洋大に1分以上の差をつけられて敗れた。それでも2位という好成績ではあったのだが、ここでチームの雰囲気が一気に暗くなった。

「今まで右肩上がりで、おいしいところばかりを見てきたので。就任3年目に箱根駅伝の予選会で大惨敗して以来の悔しさがこみ上げてきました。箱根駅伝では倍返しにします」

全日本のレース後に口にしたのが「本気度が……」の言葉。その通り２０１６年の箱根駅伝は連覇を果たした。

129

駒大の独走だけは「ダメよ〜、ダメダメ」

箱根駅伝のファンには恒例となっている「監督トークバトル」。前年の上位5校の監督が集結し、舌戦を繰り広げる人気イベントだ。2014年12月は東京・恵比寿ガーデンプレイスで行われ、原監督はその年の新語・流行語大賞に輝いた日本エレキテル連合の決めゼリフ「ダメよ〜、ダメダメ」に引っ掛けた一発ギャグを披露。優勝候補の駒大・大八木監督をけん制して見せた。さらに、広島出身とあって、映画『仁義なき戦い』から俳優・故菅原文太氏の名ゼリフになぞらえ、「復路にもまだ弾は残っとるがよ」。会話の妙に観客は拍手喝さい。原監督自身が学生たちに求める「会話力」の実践だ。

「コミュニケーション能力が大切です。ちゃんと表現力豊かに相手と向き合って交渉事が出来る、言葉を正しく操れる。陸上競技を通して学生たちに学ばせていきたい。これ、本音です」

130

ハッピー大作戦

２０１６年の箱根駅伝ではチームスローガンが「ハッピー大作戦」に。それまで「ワクワク大作戦」など概念的、かつキャッチーなコピーを発表し続けてきたが、原監督は「ハッピー大作戦」の理由について「チーム全員がハッピーになることが大事」と力説した。

２０１５年11月の全日本大学駅伝では東洋大に敗れ、チームは暗い雰囲気に包まれていた。さらにはネガティブな言葉を口にする選手が増えたこともあり、前向きな発言、前向きな考え方に転換させる必要性を感じていたという。

「優勝した時と比べて悪い部分を見るんじゃなく、いい部分を見つけて、自分たちも見てる人も〝ハッピー指数〟を上げていこうと」

ハッピー指数でチーム状態を表現し、往路後には「１００％です」とも。さらには、連覇を果たした際には「３００％に上がりました」と高らかに宣言した。

131

コーラは蓋をしたままでは噴出することはないが
ちょっと外から刺激を与えることで一気に噴出する。
それと同じように、管理者が
蓋をきっちり閉めすぎずに、刺激を与えられれば
選手はパワーを出すことが出来る

ユニークなネーミングで話題となっている青学大の「大作戦」シリーズ。そのひとつとして、2015年は「コカ・コーラ大作戦」も実施した。

「ペットボトルのコカ・コーラは少し揺らしたり、振ったりしてから蓋を開けると一気に噴き出しますよね。それと同じで、選手も少し刺激やきっかけを与えて、溜めたものをバッと開放してやると120％の力が出る。開けっ放しだと炭酸が抜けてしまっておいしくないように、締まりのない組織ではいけない。やるべきことはきちんとやる。でも、タイミングを見計らって蓋を開けてやらないと」

自主性を重んじる指導方針であるが、肝心なタイミングを逃さない指導者でありたい。

132

最強への徹底

歓喜の初優勝が落ち着いた頃、3代目・山の神となった神野大地が新主将となって新チームが発足した。選手たちが決めた新テーマは「その一瞬を楽しめ」。他校であれば「楽しめ」という文言は選ばれないだろう。自由な校風である青学大らしいテーマとなったが、そこにサブテーマとして「最強への徹底」が付け加えられた。楽しみつつも、常勝軍団の地位確立へと歩み出す強い決意がにじんでいる。原監督が「楽しめ、だけでは軽い」として、前チームのテーマだった「最強への徹底」をサブテーマとして付加したという。

「頭打ちになってほしくない。監督よりも、さらに上位に立つ組織にしようと思ったら、もっともっと学生たちのアイディアを引き出さなければいけないと思ってるんですよ。ただ、そうなると好き勝手に物事を動かす傾向が強くなるので、道徳観は忘れないように伝える作業はします」

133

その一瞬を楽しめ

2015年に箱根駅伝初優勝を飾った後、選手たちは選手間ミーティングを開き、その結果、新シーズンの目標を箱根連覇、そして出雲、全日本でも優勝するという駅伝3冠に定めた。

そして、新しいチームテーマは「その一瞬を楽しめ」に決まった。

「3代目・山の神」となった神野大地新主将（当時3年）を中心に選手が考案したもので、サブテーマには前チームテーマ「〜最強への徹底」が原監督によって追加された。

「楽しめ」とはいかにも〝アオガク〟らしい、自由で明朗なイメージを読み取ることが出来る。

しかし、原監督はクギを差すことも忘れなかった。

「楽しめ、だけでは軽い。そのためにやるべきことを徹底してやるということです」

134

指導者の競技実績は関係ない

名選手、名監督にあらず。これには身近な例で思い当たる向きも多いのではないだろうか。少年野球時代に「バットはビュッと振るんだ」と指導されたはいいが、ビュッと振るためにはどのように体を使えばいいのか分からないまま時が過ぎ、大人になってから知識を得て膝を叩いている人もいるだろう。プロレベルにおいても、擬音で教える指導者は少なくない。天才型に多いパターンだが、指導者としての在り方は「ビュッと振る」ためにはどのような練習をすればいいのか、ゴールはどこなのか、それを指し示すことである。

原監督自身も大学以降の現役時代は華やかな実績は残していないが、箱根駅伝の名将として名を馳せている。さらには、世界で戦える選手育成計画として、上級生には箱根駅伝後はマラソン練習に移行させ、年明けの東京マラソンに選手を出場させるプランも考案。2020年東京五輪のマラソン選手育成にも一家言持っている。

135

人間の能力に大きな差はない。あるとすれば、熱意の差だ。最後はやはり、行動力と情熱が人を動かしていく

能力があってもイマイチその才能を生かしきれない人、パッとしない人……。それは「熱意の量」＝「性格」が能力の発揮を邪魔している場合がままある。

覚悟に裏付けされた熱意がある人間は多少のことではくじけず、猛然と目標に向かってひた走ることが出来る。

しかし、持っている能力は高いけれど、どうにも熱意がわかない人、またその必要性を感じられないという人は、自身の才能の発揮は最小限にとどまってしまう可能性は高いだろう。

逆に言えば、指導者の熱意の量が大きければ大きいほど、周囲を巻き込んで動かしていける。

原監督は理屈だけではなく「行動力」と「熱量」で人を動かしてきた。

136

大事なのは、まず動くことだ。動いていれば、ノウハウは自ずと身についてくる。

中国電力で陸上競技部を退部し、いちサラリーマンとして営業業務に就くことになった際、当時の原は営業のことは何も分からないままスタートを切らざるを得なかった。サラリーマンとしては一年生。マニュアルはあったものの、相手のメリット、そして自社のメリットを考慮した「ウィン・ウィンの関係」になるにはどうしたらいいかを模索した。その結果、Q&Aのようなマニュアルは書かれていない、自分流の営業スタイルを確立していったという。

原監督が独自の模索でつかんだことは「大事なのは、まず動くこと。実際に営業をやってみて分かったことは、現場で交渉相手と膝を交え、面と向かって話し合うことの重要性だった」という。

137

10年間のサラリーマン生活で仕事を成功へ導く組み立て方に手応えはあった

原監督の陸上競技部の組織作りは、10年間のサラリーマン生活でやり手社長から叩きこまれたメソッドが生きている。

毎月の目標管理シートは、提案型営業マンとして必須だった。

組織の意識改革、そして新しい会社の立ち上げ、やがて「伝説の提案型営業マン」と呼ばれるほどにまでなった。

たとえジャンルが違ったとしても、そこで獲得した考え方、方法論は、その本質さえ外さなければ、どんな世界でも通用するはずだ。

だから、学生たちが陸上に4年間向き合って身につけた考え方も、それぞれの社会で通用するはず。

原監督はそう信じている。

138

規則やルールは神様が作ったものではなく人間が作ったものである。そうである以上、時代の変化とともに変えるべきところが出てくるのは当然のことだ

昭和には昭和の良さがあった。しかし、今は平成だ。幼少時から正座して育った昭和世代から見れば、いす、フローリング生活に慣れた平成の若者たちはいかにもスラリとした体形で、手足も長い。

ただ、線の細さは気になる、といった按配で、スポーツ選手もその例に漏れない。

「だから練習法も変えていかないといけない。われわれはもう、農耕民族じゃないんですよ。今の若者は手足が長いので、スピードは上がっていますが、絶対的な体力がなくなっているのも事実。昔ながらの練習をさせると、パフォーマンスが発揮される前に故障しちゃいます」

普遍的な練習方法も存在するが、今目の前にいる相手に適した練習、指導を考えることも重要だ。

139

僕は庶民。従来の雰囲気を覆そうという発想で指導しそれが青学大にはまったんでしょう

いわゆる陸上エリートではない。

世羅高校時代は全国高校駅伝で準優勝を飾ったものの、陸上の名門校にあってはタイムが伸び悩んだ代であり、周囲からは「駄馬」と呼ばれていたこともあるという。

そこで、高校生なりにアイディアを出し合って、睡眠の重要性を見直したり、生活態度の改善などを実施した。

その結果、高校駅伝全国準優勝という実績にたどり着いた。

幼少時代はガキ大将で、近所の子供たちを率いて新しい遊びを次々と開発し、「ヒマ人同好会」なる一味を結成したこともあると言う。

三つ子の魂百まで、とはよく言ったもので、既にこの頃のネーミングから「ワクワク」「ハッピー」などの大作戦的な片りんを感じさせる。

140

自分が強いのか弱いのかわからないまま、辞めてしまった。いつも陸上への思いがくすぶっていました。忘れてきたものを取りに行きたかったんです

原監督は地元・広島県で陸上競技部を創部することになった中国電力に、陸上競技部1期生として入社した。そして1993年全国実業団駅伝に主将としてチームを率いて出場したが、あの瀬古利彦氏を生んだ早大、エスビー食品という陸上エリート道を歩んできた坂口泰監督と衝突した。

故障もあって現役は5年間で終わった。当時はお酒もよく飲み、本人曰く「やるべきことを真剣にやれなかった、ダメダメ選手のままで終わった」。

26歳という早すぎる引退だった。以降は陸上をテレビで見ることもやめ、サラリーマンとして営業職に心血を注いでいく。

10年後、青学大から陸上競技部監督の話が舞い込む。陸上関係者としては〝失われた10年〟だったが、その10年で培った経験が指導に生きていくことになる。

141

駄目な男でも存在価値を認めてもらいたい。「原という男の存在価値」を認めてもらいたかった

中国電力陸上競技部時代、入社後の夏合宿で捻挫をした。

そして、この捻挫が後年まで影響することになる。

捻挫した足をかばいながら練習すると、また別の箇所を痛め、回復してはまたけがを繰り返すという悪循環に陥った。

結局は現役生活を5年目で終え、選手としては「クビ」になった。

「僕は一度陸上界から追放されて、サラリーマン生活を送っていた。いわば業界の異端児です。でも、〝俺はやったるぞ〟という心意気だけは失わずにやってきました」

実業団時代を振り返り「選手として、存在価値を認めてもらえなかった」と言う。その悔しさをバネに「原という男に仕事をさせたら、ちゃんとやる」と証明したかった。

142

その思いを胸に秘めて今日まで来た

監督を引き受けるにあたり、周囲からは「無理だから、よしたほうがいい」という声が圧倒的に多かった。提案型営業マンとして独り立ちを果たし、同僚からも認められる存在となっていた。広島県内に一軒家を建て、ローンの返済も始めたばかり。しかし、母・房子さんは「やるなら日本一に」と背中を押してくれた。

当初は反対していた美穂夫人も腹を決め、ともに上京して〝寮母〟として原と一緒に合宿所へ住み込んだ。美穂夫人は練習を見に来ることはないが、合宿所で顔を合わせた際に選手の表情、言動から状態を読み取る洞察力に長けている。その報告は、原監督が気づかなかった内容も多く「助けられています」と言う。

信頼する人の支えを得て迎えた就任11年目、無理だと言われ続けた初優勝にたどり着いた。

143
覚悟を持ち、退路を断つ

中国電力で提案型営業マンとして実績を上げ、「ダメダメ選手」からカリスマ提案型営業マンへ脱皮が成功した。

それから10年。

サラリーマンとして陸上と無縁の生活を送っていたところに、「青学大の監督をやりませんか」と話が舞い込んだ。その際に中国電力へ席を残した上で出向する形を模索したが、上司から〝学生から見透かされるぞ〟と忠告を受け、安定企業の中国電力を退職して上京する決心をした。

今では年間50本を超えるオファーがあるという講演でも、繰り返し訴えるのは「覚悟」の重要性。組織、チームを成長させるための段階、部下のやる気を引き出す言葉、伸びる選手の10ヵ条など、いろいろな引き出しを用意しているが、とどのつまりは「覚悟」だという。

144
置かれた場所で全力を尽くせば いつかきっと花が開き、実も結ぶ

中国電力陸上競技部で現役を引退した後、原監督は本社、支店、営業所を経てサービスセンターに配属された。会社組織のピラミッドでいえば、頂点から一気にボトムラインへ下ったことになる。陸上競技部で5年過ごしたとはいえ、いち会社員としては新人同様。同期は既に仕事を覚え、第一線で活躍している状況だった。

一時は「荒れましたよ」と言うが、仕事で見返してやると一念発起。空調機器の提案型営業マンとして実績を上げ、ついに本社への帰還辞令が出た。

この間、陸上競技部を辞めたことで離れていった人もいれば、のちに結婚した美穂夫人、直属の上司のように支えてくれた人とも出会えた。

「見る人はちゃんと見てくれているんだと思うんです」

原監督が社会人として〝物心〟がついた時期は、サラリーマンとなって5年目以降だったという。置かれた場所でいかに熱意を持つか。勝負はそこだ。

145

僕はファーストペンギン。最初にやる人は叩かれます

これまた、流行に鋭い原監督ならではのコメントだ。2015年NHK朝の連続テレビ小説『あさが来た』の劇中に登場した言葉である。魚を取るために、ペンギンの群れから一番最初に飛び出す勇気ある者を指し、人気番組内で使用された耳慣れないフレーズが話題となった。

陸上界にビジネスの組織構築法を持ち込み、さらに、最新トレーニングの専門家である中野ジェームズ修一氏を外部指導者として招へいする際も「僕は素人だから、中野さん、教えてよ」と依頼。

「僕は素人だから」と言ってしまえるところが、原監督のすごみでもある。

「いろんな人の知識と協力を得ながら、陸上界の常識にとらわれない今の青学大を作り上げました」

146

新しいことをやると反対する人は必ず出てくる。大事なのは何のために、誰のためにやるのかということ。それがしっかりしていれば異なった考えの人にもいつか理解をしてもらえる

就任当初、5年間である程度の結果を出すことを明言したが、3年契約の嘱託職員だったため、4年目以降については「目標と契約期間にミスマッチがあった」。その更新時期の箱根駅伝は最も成績が悪く、チームも崩壊寸前。大学へ再度プレゼンテーションが必要となった。そこで原監督は「起床は5時、門限は22時。当初は門限破りもいましたが、今は徐々に改善されています。ボランティアとして地域の清掃活動もやって、チームに一体感を持たせるようにやっています。試験中は全員が食堂に集まり、勉強会をやっています」と学生を教育していることについて熱弁する。

一見、陸上の成績とは関係のないことのように思えるが、原監督には「規則正しい生活が成績につながる」という信念があり、チームの土壌を耕している姿勢が伝わり、4年目の更新となった。

147

日本陸上界の異端児の私にしか言えないことがある。連覇できたことで説得力が増すし、注目される

陸上界に新風を吹き込み続けているが、原監督は決して自分の手法が一番正しいと言いたいわけではない。青学大のカラー、そして指導方針にマッチした選手をスカウトしているため「他のやり方で伸びる選手もいるでしょう」と冷静に考えている。監督就任で10年ぶりに陸上界に復帰した際、まだ当時と同じトレーニングが行われていたことに驚いた。

「戻ってきたらまだ同じ練習をやっているんですよ。どうも陸上の指導者は新しいことを学ばず自分の知識の中で選手を管理してしまう傾向がある。私は陸上界に〝こういうやり方もありますよ〟と証明しただけなんです」

最近では箱根駅伝にとどまらず、陸上界の在り方、2020年東京オリンピックに向けた選手育成方法にも言及する。さらなる大きな目標を学生たち、そして陸上界にも投げかけているのだ。

148

情報やノウハウを自分の中だけに収めておくことはしません。業界の発展を一番に考えているからです

究極の目標は「陸上界を盛り上げること」。

そのためには陸上界にまだ残る旧態依然の体質を変えていきたいと語る。メディアで組織作りのメソッド、新しいトレーニングの情報などを惜しげもなく開示しているが、新しい情報を発信して陸上界全体に伝えたいという思いがあるからだ。さらに、情報をさらけ出しても、指導者としての自負もある。

「同じ材料で料理を作っても、同じものにならないじゃないですか。最後のさじ加減は僕にしか分からない。それが指導者の力量だと思っているので、聞かれたことはどんどんしゃべっています」

依頼される講演は一般企業の管理職、新入社員向けから、学生あるいは教職員など教育現場向けまで幅広く、北は北海道、南は九州まで全国津々浦々。「すべてを受けることは出来ませんが、提案型営業マンの性《さが》で頼られるとむげに断れません」。

149

社会があって、陸上界があります

サラリーマン生活を経たことで、原監督は「陸上界」のみならず「社会」という存在を強く意識している。

陸上界に育って陸上界の中だけで生きてきた場合は、陸上界の常識がすべてとなるが、原監督の視点は「世の中があって陸上界がある」である。

陸上競技は自分自身との闘いという面が強く、相手、そして仲間と試合中も常に向き合う団体競技よりも「自分」と向き合う傾向が強いとされる。就職時はラグビー、野球部出身の方が有利と言われる中、自分の言葉で自分自身を表現出来る青学大の選手たちは異彩を放っている。

「僕は社会に出ても役立つ人間を作ることが、指導者としての使命だと思っているので、駅伝を通して人と一緒に働く感性を磨きたい。引退後、〝スポーツバカ〟〝陸上バカ〟になっちゃうのだけはいかんなと思っています」

150

これからも言いたいことは言っていきます

原監督はメディアを通し、箱根駅伝の改革案だけでなく、長距離界、そして陸上界、さらには2020年東京五輪のマラソン選手育成プランの改革案にも言及している。

陸上界から10年離れたことによるしがらみのなさ、提案型営業マンとして「ウィン・ウィンの関係」を持てるかどうかを軸に空調機器を売りまくった経験から、〝陸上界を盛り上げるためにはどうすればいいか〟という視点で物申している。

「陸上の若い指導者の中には、僕の考えに同調してくれる人もいるんです。変わりつつある手応えも得ていますけど、表に出て、そうだ、原の言う通りだと賛同してくれる人はなかなかいません。だから、私は勝ち続けないといけない。これからも覚悟を持って臨んでいきますよ」

151

関東の大学出身ではないので、しがらみはない。大学駅伝界の異端児です

選手として箱根駅伝を走ったことはない。

大学も関東圏ではなく中京大出身である。

箱根とはまったく無縁の陸上人生を送ってきた原監督だが、ビジネスマンとしての視点で、しっかり「箱根駅伝」の価値向上を見据えている。

「箱根駅伝の出場資格を関東の大学だけにとどめておくのはもったいない。陸上界の発展のためには、枠を全国にすべき。知名度の高い箱根駅伝に全国の大学から出場できれば、全国の中学、高校から才能ある選手が集まり、全体の競技人口の増加が見込める。競技人口が増えれば、日本の競技力のアップにもつながります。これらに対して、物が言える立場になるためにも、駅伝で勝利を積み重ねていきたいですね」

152
男気とは何ぞや

結果は、人事を尽くして天命を待つ。だからこそ、プロセスが重要となる。しかし、いくら「プロセスを大事にしろ」と言ったところで、聞き慣れた言葉では相手の心に届かず、聞き流されるようになってしまいがちだ。

そこで、原監督は、選手たちが新チームの目標として「大学3冠」を掲げた時に、細かいことをあれこれ指摘するのではなく、大きなキーワードを与えた。それが「男気とは何ぞや」。各選手が考えた「男気」は、さまざまだ。「約束を守る」「責任感を持つ」「先輩を敬う」……。

「それらをひとつひとつ達成していけば、必ず成果は出ると言っています」

人事を尽くすために、自分はどうすればいいかを選手に考えさせ、それを自分自身との約束にさせた。監督本人が考える「男気」は「伝説を作ること」だと言う。

153

男として目標を持って行動させる

自らを「昭和のクソオヤジ」と称する原監督。男たるもの、生まれたからには何を為さん。選手たちを「男として自立させる」ことを強く意識している。

「チャラい」と評される青学大陸上競技部に、「男として」という言葉は意外だが、原監督の方針は確かに「男として」需要なファクターを含んでいる。

「半歩先の目標」はある意味、自分との小さな約束を守ることであり、小さな約束を守れない人間は、大きな約束など守れるはずがない。学生同士で行うミーティングにしても、相手の言葉に耳を傾ける力を育む。

「規則正しい生活」は日々のコツコツとした積み重ねだが、「箱根優勝」という大きなビジョンのための行動でもある。

154

頑張っていれば、誰か見ていてくれる

実業団時代、入社5年で陸上競技部を退部した後、サラリーマンとしてゼロからやり直すことになった。

周囲からは「陸上しか出来ない」という見方をされたこともあり、「そりゃあ、荒れましたね」と言う。当時、監督のそばで励ましてくれた人物がいる。

現在の美穂夫人である。

「もう、家では愚痴ばかりでしたけどね。家内なくして今の僕はありません」。美穂夫人の叱咤激励もあり、「腐っていても仕方ない」とイチから営業の仕事を覚え、提案型営業マンとして力をつけていった。

そして10年後、高校の陸上競技部の後輩と仕事で再会。青学大陸上競技部OBだったその後輩から、監督就任の話が舞い込んだ。

155 要は「あなたのことが好き！」と言ってくれるかどうか

指導者は万能の神ではない。原監督は自分に不足している知識、技術、時間を補うために、外部から指導者を招へいすることも必要だと考える。組織作りはビジネスの手法を取り入れて結果を出したが、時代と共に進化するトレーニング方法、栄養学などはプロフェッショナルに頼らなければ、選手たちに「本物の知識」を与えることは出来ない。

そこで、体幹トレーニングを導入するために、リオ五輪卓球女子団体銅メダルの福原愛氏らに指導実績のある中野ジェームズ修一氏を招へい。そのメソッドを取り入れるだけでなく、中野氏が不在の時にも選手が自分たちで実行出来るように、トレーニングの必要性、効果を理解させることも同時に依頼した。

ビジネスでいえば「企業理念を理解してくれるか」となるが、目的を共有した上でともに歩んでくれる協力者を見つけることがビジネスの助けとなる。

156

選手たちには常々「絶対、出世せえよ」と言い聞かせている

原監督によると、個人競技の陸上出身者は、会社で重宝されがちなラグビー部、野球部など団体競技出身者よりも出世しづらいという。

選手たちに言う「絶対、出世せえよ」は、社会に出てもすぐ対応出来る順応性を大学4年間で培わせた自負もありつつ、ひとりで孤独に頑張りがちな陸上選手特有のメンタリティを気にかけた言葉でもある。

「出世するのは、金儲けのためではないのだよ。社会に貢献し、いい影響を及ぼすためだ。例えば、飲料メーカーに入ったら、その飲料をどうやって世の中に広めていくか。そのパイオニアになっていかな、ダメだぞ。そのためにはいいボスにつかなダメだし、そのために出世するのだよ」

まるで会社組織のようなシステムで育った青学大陸上競技部出身者。原監督の指導によって、最短距離で社会になじむ素地は作られている。

157

根底にある思いは「学生たちの笑顔」が見たいから

強いチーム作りのコツ、選手のスカウト方法、果ては新しいトレーニングについても、原監督はメディアを通じて、情報をオープンに開示している。

「他校の指導者たちがライバル心を持ち、うちの方法を参考にする。それが刺激になって私もまた頑張る。その根底にあるのは、学生の笑顔を見たいという指導者たちの共通理念だと思うんです」

時に、原監督は陸上界の古い体質に対し、改革案を提言するが、箱根駅伝に携わる他校の指導者にはリスペクトの念を抱いている。

「箱根駅伝で言えば、指導者が進化している。私じゃないですよ（笑）。多くの指導者が猛烈に勉強して、学生と向き合って取り組んでいるからです」と語る。

［参考文献］

雑誌

「週刊朝日」「週刊アサヒ芸能」「週刊現代」「週刊ダイヤモンド」
「週刊ポスト」「サンデー毎日」「経済界」「月刊 陸上競技」
「戦略経営者」「日経トップリーダー」「日経情報ストラテジー」
「文藝春秋」「Number」「PRESIDENT」「SAPIO」

新聞

「産経新聞」「信濃毎日新聞」「下野新聞」「中日新聞」
「新潟日報社」「FujiSankei Business i.」「北海道新聞」
「毎日新聞」「宮崎日日新聞」「読売新聞」「サンケイスポーツ」
「スポーツ報知」「日刊スポーツ」

書籍

『逆転のメソッド ～箱根駅伝もビジネスも一緒です～』（祥伝社新書）
『魔法をかける ～アオガク「箱根駅伝」制覇までの4000日～』（講談社）

Web

「東洋経済 ON LINE」「IT Pro」「WISDOM」「ビズサプリ」

テレビ

日本テレビ、フジテレビ

[プロフィール]
原晋（はら すすむ）
青山学院大学体育会陸上競技部監督。1967年生まれ。広島県三原市出身。中学から陸上を始め、中京大学3年時に全日本インカレ5000メートルで3位入賞。卒業後、陸上部第1期生として中国電力に進むが、故障に悩み5年目に競技者を引退。95年より営業マンとして再スタートを切り、新商品を全社一売り上げるなどの実績を残す。陸上の指導経験はなかったものの2004年から現職に就き、09年には33年ぶりの箱根駅伝出場、12年に出雲駅伝優勝、15年には、青山学院大学史上初の総合優勝を果たす。16年には、箱根駅伝完全優勝、17年には学生駅伝三冠を達成。箱根駅伝は18年まで四連覇を達成。その後、20年総合優勝、21年復路優勝、22年総合優勝、24年は大会新記録で2年振り7度目の総合優勝を飾るなど、強さを発揮している。
現在、青山学院大学 地球社会共生学部の教授として教壇に立っている。

人を育て
組織を鍛え
成功を呼び込む
勝利への哲学 157

2016年11月1日　第1刷発行
2024年4月30日　第6刷発行

発行人　木本敬巳
編　集　島川真希
構　成　株式会社アンサンヒーロー　丸井乙生
装　丁　金井久幸［TwoThree］
DTP　TwoThree
撮　影　増田慶
発行・発売　ぴあ株式会社
〒150-0011
東京都渋谷区東1-2-20
渋谷ファーストタワー
03-5774-5262（編集）
03-5774-5248（販売）
印刷・製本　株式会社シナノパブリッシングプレス

ISBN 978-4-8356-2899-8